贵州省瓮安县地方志丛书

瓮安县司法行政志

WENG'ANXIAN SIFA XINGZHENG ZHI

1980—2015

瓮安县司法行政志编纂委员会　编

方志出版社
Pubishing House of Local Records

图书在版编目（CIP）数据

瓮安县司法行政志．1980—2015 / 瓮安县司法行政志编纂委员会编．－－北京：方志出版社，2018.9
ISBN 978-7-5144-3294-7

Ⅰ．①瓮… Ⅱ．①瓮… Ⅲ．①司法机关—行政管理—工作概况—瓮安县—1980－2015 Ⅳ．① D927.734.61

中国版本图书馆 CIP 数据核字（2018）第 219721 号

瓮安县司法行政志（1980—2015）

编　　者：瓮安县司法行政志编纂委员会
责任编辑：张　昊

出 版 人：冀祥德
出 版 者：方志出版社
　　　　　地址　北京市朝阳区潘家园东里 9 号（国家方志馆 4 层）
　　　　　邮编　100021
　　　　　网址　http://www.fzph.org
发　　行：方志出版社图书经销中心
　　　　　电话（010）67110500
经　　销：各地新华书店
装帧设计：成都益舟文化传播有限公司
　　　　　电话（028）61323177　68889988
印　　刷：四川和乐印务有限责任公司

开　　本：787mm×1092mm　1/16
印　　张：12
字　　数：196 千字
版　　次：2018 年 11 月第 1 版　2018 年 11 月第 1 次印刷
印　　数：001 ～ 300 册

ISBN 978－7－5144－3294－7　　定价：288.00 元

《瓮安县司法行政志（1980—2015）》
编纂委员会

主　　任	刘　蓉
常务副主任	龙　云
副 主 任	周国祥　熊教辉　赵清微　陈　达 陈　明
委　　员	黄　梅　王　杰　王国胜　梁贵印 倪元梅　赵忠华　邹学春　刘　敏 王道金　郑小虎　何　岭　文　海 杨继钟　刘州海　陈松林　李　霞 曹庆明

《瓮安县司法行政志（1980—2015）》
编辑部

主　　编	乔贵平
编　　辑	刘　蓉　周国祥　熊教辉　赵清微 黄宇书　黄　梅　王　杰　王国胜 梁贵印　倪元梅
资料提供	黄宇书　王国胜　邓国平　王　杰

《瓮安县司法行政志（1980—2015）》
审验

初　审　刘　蓉　周国祥　熊教辉　赵清微
陈　达　陈　明　黄　梅　王　杰
王国胜　梁贵印　邓国平　倪元梅
黄宇书　赵忠华　邹学春　刘　敏
王道金　郑小虎　何　岭　文　海
杨继钟　刘州海　陈松林　李　霞
曹庆明　乔贵平

复　审　刘　蓉　周国祥　熊教辉　赵清微
黄宇书　黄　梅　王　杰　王国胜
梁贵印　倪元梅　乔贵平

终　审　贵州省瓮安县地方志编纂委员会办公室
范祖贵　王　昱　谢兴贵　谢崇禄
刘德权　王明江　杨通敏

瓮安县司法局集体合影

2016年，县司法局全体干部职工合影

2011 年 8 月 21 日，全省加强和创新社会管理、做好新时期群众工作经验交流会在瓮安县召开，中央政法委副书记王乐全（前排左四），省委书记栗战书（前排右四）、省长赵克志（前排左三）等中央、省、州领导和政法干警合影

2012 年 1 月 14 日，司法部副部长张苏军（后排左五）在省司法厅厅长刘伟，州司法局局长莫俊国，县委副书记葛明义，县委常委、政法委书记吴智贤，县政府副县长陈博等领导的陪同下到瓮安县基层司法所慰问基层司法行政干警

2011 年 11 月 8 日，省司法厅厅长刘伟（正右一）到瓮安县司法局调研司法行政工作

2013 年 6 月 25 日，省司法厅厅长吴跃（右一）等到江桥律师事务所调研

2013 年 6 月 25 日，省司法厅厅长吴跃（右一）到瓮安县医疗纠纷人民调解委员会调研

2014 年 8 月 13 日，贵州省群工委书记魏树旺（左一）在县人民政府副县长杨昌勇（左二）的陪同下到县道路交通事故民事损害赔偿人民调解委员会调研

2015 年，省司法厅社区矫正处处长刘传德（左二）到瓮安调研社区矫正工作

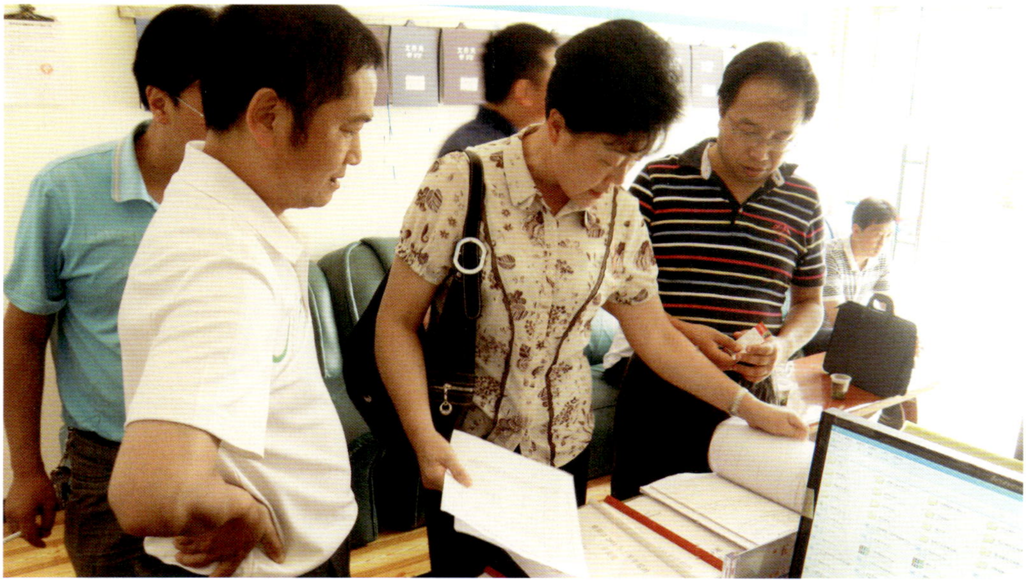

2011 年 6 月，州委政法委副书记马建萍（前排中）到瓮水司法所检查指导工作

2014 年 5 月 23 日，黔南州督导组副组长李祝庆（左三）一行到瓮安县司法局检查指导党的群众路线教育工作

黔南州司法局副局长陈万祥（右）到瓮安县猴场镇为群众耐心讲解法律知识

2013 年 3 月 13 日，县司法局局长刘蓉（前右一）陪同中央综治办综治二室巡视员季勤（前右二）到瓮安县安置帮教基地调研

2013 年 3 月 13 日，县委政法委书记吴智贤（右二），县委政法委副书记、县司法局局长刘蓉（左一）陪同中央综治办综治二室巡视员季勤（中）到瓮安县调研

2014 年，县司法局局长刘蓉（左一）参与黔南法律援助优秀服务标兵合影

2012 年，县司法局副局长周国祥（右二）到岚关司法所检查半年工作情况

2014 年，县司法局副局长周国祥参加法律援助回访

2015 年，县法、检、公、司召开社区矫正联席会议

2015年，州委常委、县委书记蒋映生，州司法局副局长曹志昂，县委副书记、县长尹德俊等领导参加全县人民调解工作会

2014年7月15日，县委副书记、县长尹德俊（右三）等领导到县司法局调研全县人民调解工作

2010 年，草塘镇召开重点整治假币违法犯罪活动动员大会

2014 年，召开依法行政工作会

2012 年，召开规范执法普法教育检查会议

2015 年，猴场镇召开普法工作推进会

2010 年 11 月 16 日，全州律师行业党建工作暨创先争优活动现场会在瓮安召开。图为参会人员合影

2013 年 1 月 15 日，全州司法行政工作暨社区矫正工作现场会在瓮安召开。图为参会人员合影

1991 年 6 月 8 日，县人民政府县长徐银芳（左一）参加法制宣传活动

1998 年 5 月 10 日，县人大常委会主任王开余（右三）等领导参加法制宣传活动

1999 年 9 月 6 日，县委书记李国庆（右后）参加县司法局开展的“打击毒品犯罪，维护社会稳定”宣传活动

1997 年 3 月 8 日，县司法局局长庹文书（左一）向群众讲解法律知识

1999 年 11 月 20 日，县司法局局长余家治在县中医院普法考试前作动员讲话

2002 年 12 月 15 日，县司法局举行“12 · 4”法制宣传活动

2004 年 3 月 22 日，县司法局在县城举办法制宣传图片展，群众踊跃观看

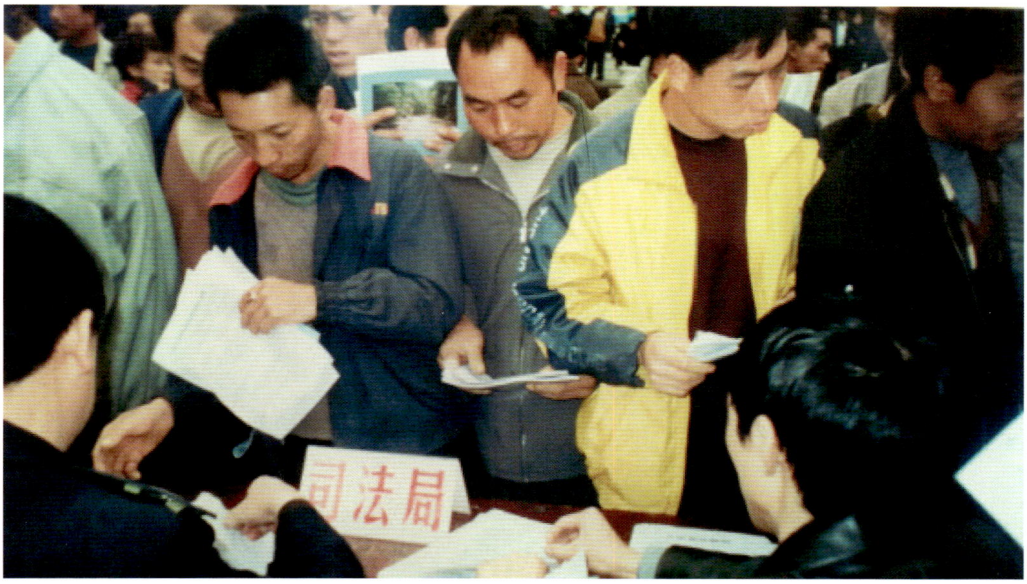

2004 年 3 月 29 日，县司法局在县城开展法律宣传活动，群众主动领取法制宣传资料

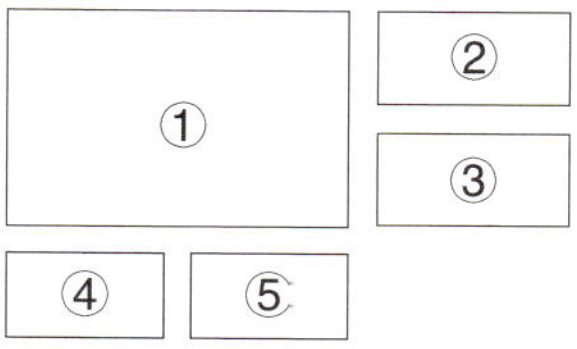

① 县司法局干部到银盏镇新华村田间地头宣讲宪法知识
② 2013 年，“3·15”法制宣传
③ 瓮安县第三届“关爱明天普法先行”法治宣讲活动
④ 2014 年 5 月 28 日，法制宣传进乡村
⑤ 瓮安县司法局进乡村为群众宣传法律知识

2012 年 4 月 8 日，县司法局组织开展法制宣传活动

2014 年 12 月 1 日，县司法局组织开展“12 · 4”法制宣传活动

2010 年 7 月 15 日，县司法局党支部组织党员到冷少农烈士故居接受爱国主义教育合影

2011 年 6 月 11 日，县司法局党支部与鑫隆坪村党支部成员在息烽集中营开展“双向组织”生活合影

2011 年 5 月 6 日，州委政法委副书记马建华一行到猴场会址与县委政法委、公检法司班子成员开展“双向组织”生活合影

2012 年 6 月 17 日，县司法局党支部、江桥律师事务所党支部、鑫隆坪村党支部在娄山关遗址开展“双向组织”生活合影

2014 年 4 月 18 日，县司法局与独山县司法局、雍阳街道城北社区在猴场会址开展党的群众路线教育联谊活动合影

2014 年 3 月 21 日，县司法局局长刘蓉（左四）带领全局干部职工接受反腐倡廉警示教育

2014 年，县司法局召开党的群众路线总结会

县司法局成员参加律师服务团送法进基层公益活动

2010 年 7 月 3 日，县依治办组织开展依法行政第二期法律知识培训

2003 年 5 月 8 日，由县司法局拟定试题，县人大组织拟任命干部法律知识考试

2000 年 11 月 13 日，州司法局局长王雯洁（左一）、州国安局局长余爱杰（中）到瓮安县检查“三五” 普法考试

2005 年 7 月 25 日，县机关干部职工参加“四五” 普法考试

2009 年，瓮安县全面推进依法行政领导小组第一期法律知识培训

2010 年，村（居）、社区调解委员会主任、普法骨干培训会

2011 年，雍阳片区人民调解员培训

2012 年，全县人民调解委员会主任、调解员、普法骨干培训会

2013 年，玉山镇召开人民调解工作会议

2014 年，永和镇人民调解员培训

2014 年，永和镇调解员培训合影

2015 年，猴场镇调解业务技能培训会

瓮安县医疗纠纷调委会调解工作取得明显成效

发表时间：2013-11-25 作者：王国胜 来源：本站原创

本报讯（王国胜 ）2012年11月30日，瓮安县在全州率先成立首个县级医疗纠纷专业调解委员会。截止今年11月20日，已受理调解纠纷16件，已调解结案16件，调解成功16件，调解成功率达100%，涉及补偿金额132万余元，医疗纠纷调委会调解工作取得明显成效，有力地维护了社会稳定。

据了解，该县为切实加强队伍建设，县级医调委到目前为此共有调解员7名，专职调解员由1名退休法官、1名卫生部门退休干部担任；兼职调解员由2名县卫生局医政工作人员、2名律师、1名法律援助工作人员担任。县司法局、卫生局和法院组织开展法律、医疗知识等针对性培训，组织调解员到州医调委学习。通过学习培训，提高了调解工作能力与水平。切实加强制度建设。根据有关法律法规，制定了学习培训、工作会议、档案管理等各项制度；制作了《医疗纠纷人民调解接待登记表》、《调解申请书》、《受理通知书》、《提供材料告知书》、《送达回证》和《调解协议书》等格式文书，建立了各类接待、受理、调解登记等台帐和薄册。以制度化、规范化，确保调解工作的公正性和权威性。切实加强经费保障。为保证医调委能够公正、公平、高效运转，经县政府常务会议研究，决定每年拨付35万元，作为医调委的办公经费、人员工资、办案补贴等各项经费保障。

由于医调委在化解医患纠纷中的低成本、高效率和中立性、权威性，使医患对人民调解工作产生了信赖感和认同感，迅速、合理、稳妥地化解了医患纠纷，避免了多起因医疗纠纷引发的群体性事件的发生，为维护社会和谐稳定作出了积极贡献。

2013 年 11 月 25 日，《法制生活网》报道瓮安县医疗纠纷调解委员会调解医疗纠纷情况

贵州瓮安交通事故赔偿调委会为民减负340万元

2014-08-12 10:37:00 http://www.chinapeace.org.cn/ 来源：人民公安报交通安全周刊

“感谢调委会的同志，使肇事方与我们达成了调解协议，让我母亲后续医疗费有了保障。”8月5日，经贵州省瓮安县道路交通事故赔偿调解委员会调解，领到12万元赔偿金的廖某激动地对调委会的工作人员说。

2011年5月，针对全县车辆保有量持续大幅度增加，道路交通事故纠纷多发，调处难度加大的实际，瓮安县公安局交警大队牵头，公开选聘4名退休的法院工作人员为专职人民调解员，组建道路交通事故赔偿调解委员会。县财政将调委会工作经费和调解员补贴纳入财政预算。调委会以独立第三方介入的方式，实行“零收费、零距离”服务，以启动程序的多元性、受理的便捷性、调处的灵活性、解决问题的快速性、调解结果的有效性等特点，将民事纠纷化解于基层、消除于萌芽。调委会成立3年多来，共收案1712件，结案率为100%，履行、兑现赔偿款1678件，涉案金额5079万元。在调解和履行、兑现赔偿款的案件中，实现了当事人零上访、零反悔，有效化解了大量矛盾纠纷。

“如果这些案件都通过司法诉讼程序处理，当事人要请代理人、写诉状、交纳诉讼费，加上来往食宿费和误工损失等，保守估计按每起案件花费2000元计算，调委会调解的1700多起交通事故民事赔偿案件至少为群众省出340余万元。”瓮安县公安局副局长、交警大队大队长戎晓说，“调委会既减少了当事人诉累，便民惠民，又把交警从繁杂的调解工作中解脱出来，解决了办案民警既是运动员又是裁判员的问题，让民警集中精力抓事故预防和道路管控，提升办案质量和执法公信力。近两年，瓮安交警大队在执法质量考评中一直是全州交警

2014 年 8 月 12 日，《中国长安网》报道瓮安县道路交通事故损害赔偿人民调解委员会调解情况

2009 年 5 月 13 日，江桥律师事务所主任梁贵印对县信用联社职工进行法律知识培训

2011 年 4 月 15 日，江桥律师事务所主任梁贵印对供电局职工进行法律知识培训

1998 年 10 月 25 日，县司法局组织开展“三五”普法知竞赛

2001 年 3 月 5 日，县司法局、县妇联等单位联合组织开展庆“三八”妇女节法律知识竞赛

2015年11月5日，县司法局、县教育局联合组织开展全县中小学“精彩人生路、法律伴我行”演讲比赛

2009年5月21日，州委常委、县委书记龙长春（左三）等州县领导与政法综治文艺汇演司法干警合影

2014 年 11 月 30 日，州委常委、县委书记蒋映生（后排中），县人大常委会主任潘玉华（后排右六）等州县领导参加“12 · 4”国家宪法日暨全国法治宣传日系列活动与演员们合影

2015 年 11 月 30 日，“12 · 4”国家宪法日法治文艺演出，县司法局自编自导自演小品《不要钱的律师》

2013 年 5 月 18 日，县司法局参加在三都县举行的黔南州司法行政系统首届“公证杯”篮球赛合影

2014 年 4 月 18 日，县司法局、独山县司法局、城北社区开展拔河比赛

2012 年，县司法局党组书记、局长刘蓉带队到陕西省宝塔山司法局考察学习留影

2011 年，县司法局干部职工爬塔坡健身活动合影

2014 年 2 月 18 日，县司法局干部职工清扫门前积雪

2014 年 10 月 26 日，参与星光大道安保工作人员合影

2010年9月17日，县委常委、政法委书记、公安局局长吴智贤（右），县司法局局长刘蓉（左）为瓮安县道路交通事故民事损害赔偿人民调解委员会揭牌

2012年11月30日，县人民政府县长尹德俊，副县长杜胜军、张宽、夏吉友等县领导参加县医疗纠纷人民调解委员会揭牌仪式

2012 年 11 月 27 日，县道路交通事故民事损害赔偿人民调解委员会调解员调解纠纷现场

2014 年 6 月 3 日，县人民政府副县长杨昌勇在全州医疗纠纷人民调解工作推进会上作经验交流发言

2014 年 10 月 14 日，调解赡养纠纷

2015 年 3 月 18 日，调解林地纠纷

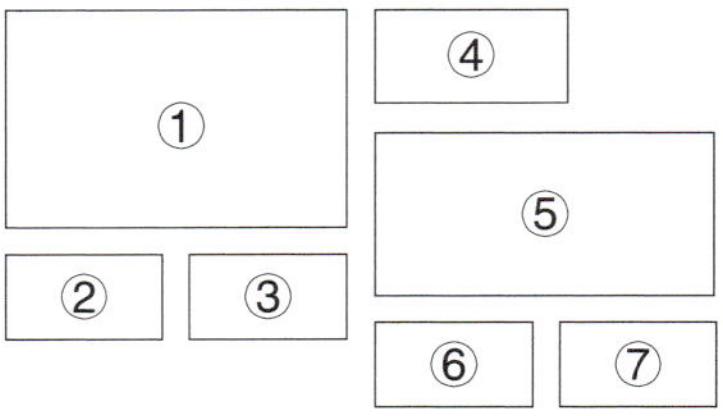

① 2012 年，县司法局基层科科长王国胜参与法律援助人民调解工作

② 2013 年 6 月 7 日，司法所工作人员调解一事一议项目建设纠纷

③ 2013 年，调解医疗纠纷

④ 2014 年 9 月 1 日，调解抚养权纠纷

⑤ 2014 年 5 月 21 日，瓮安县医疗纠纷调解委员会为受害群众讨回医疗事故赔偿款（王国胜 摄影）

⑥ 2014 年，建中司法所干部走访刑释人员

⑦ 2014 年 4 月 23 日，调解华都嘉苑物业纠纷

当事人

平等协商 互谅互让

2015 年 9 月 7 日，江界河镇综治办、司法所、派出所、铜锣村人民调解委员会到铜锣村砖房组调解扩建占田纠纷

2015 年，调解拖欠民工工资纠纷

现场勘验调解纠纷

县司法局组织开展全县法律援助和矛盾纠纷调解志愿服务队招募活动

2014 年 7 月 6 日，县司法局局长刘蓉（左一）走访慰问社区服刑人员

2015 年 4 月 21 日，县法律援助中心接待群众法律咨询

2013 年 1 月 1 日，县司法局社区矫正工作管理人员对社区服刑人员进行入矫教育

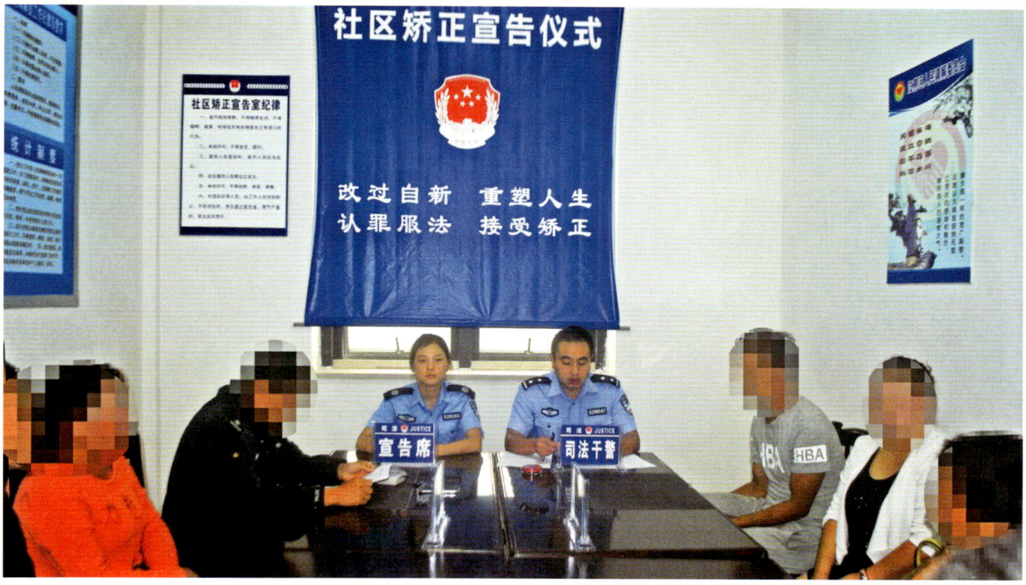

2015 年 9 月 15 日，县司法局社区矫正工作管理科组织社区服刑人员学习“特赦令”

2012 年，组织社区服刑人员集中教育学习

2012 年，贵州省钰盛编织袋厂安置帮教基地授牌仪式现场

2015 年，县司法局干部督查社区矫正工作

2012 年 6 月 28 日，中坪司法所工作人员走访刑释解教人员

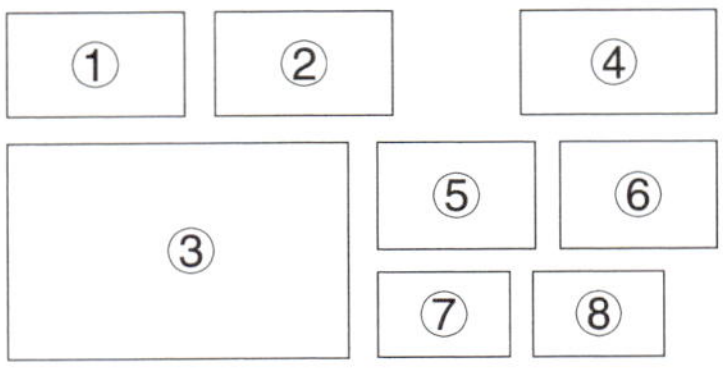

①2014年，走访村民，了解社区服刑人员表现情况
②2014年，组织社区服刑人员进行社区服务
③开展社区服刑人员走访
④2015年，走访社区服刑人员

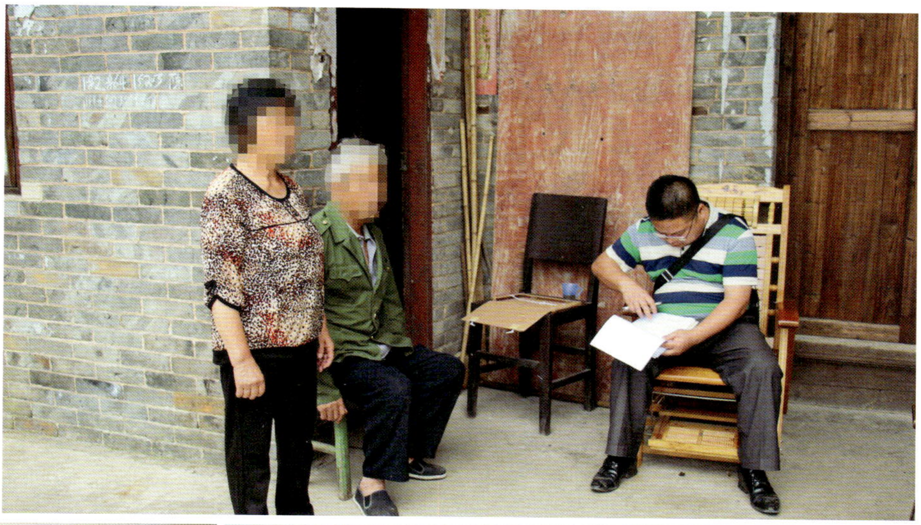

⑤ 全县社区服刑人员警示教育大会在猴场镇召开
⑥ 社区服刑人员定位手机发送仪式
⑦ 招募社区矫正工作志愿者
⑧ 召开特赦社区服刑人员现场会

2013 年 11 月 5 日，社区矫正人员学习会

2014 年 12 月 25 日，社区服刑人员集中学习

2014年，建中镇司法所组织社区服刑人员学习《社区矫正实施办法》

2010年4月3日，走访安置帮教人员

瓮安县司法局到瓮安监狱对瓮安籍罪犯开展一对一帮教活动

2011 年 11 月 29 日，开展社区服刑人员集中教育学习

2009 年 11 月 3 日，县司法局组织开展全县法制副校长、法制教师培训会

2013 年 8 月 9 日，县司法局在永和中学召开法制教育大会

2011 年 9 月 12 日，县司法局在瓮安中学开展法制教育活动

2012 年 7 月 3 日，县司法局干部为学生上法制课

2010 年 10 月 13 日，县司法局在职中开展“现身说法”法制教育

2011 年 3 月，县司法局在瓮安中学开展“现身说法”法制教育

2012 年 6 月 15 日，黄国胜到岚关小学上法制教育课

2012 年，县司法局在瓮安四中开展法制教育讲座

2013 年，开展打击非法劳动车辆进校园法治宣传活动

2014 年 5 月 14 日，瓮安县司法局领导干部到企业（贵州文真高铝矾土基均质料有限责任公司）搞调研、征求意见改作风（王国胜 摄）

2014 年，到瓮安县实验小学开展法治辅导活动

2015 年 9 月 29 日，到中坪小学开展法治进校园活动

2015 年，白沙中学禁毒、反邪教宣传

社区服刑人员进校现身说法

时任司法所所长陈松林在珠藏中学上法治课

县司法局干部组织驻瓮部队官兵学习宪法

县司法局派驻瓮安五中法治副校长刘力民组织学生开展“增强法治意识，做合格小公民”签名活动

2013 年，法律援助科科长陈海福为服刑人员提供法律援助

2013 年，法律援助案件回访

司法所工作人员法律援助进户代理

司法人员为企业员工提供法律援助

州县司法局干部到猴场开展法律援助回访

2010 年 5 月 10 日，受援群众为县司法局法律援助工作者赠送锦旗

2014 年 4 月 3 日，受援妇女为县司法局法律援助工作者赠送锦旗

2015 年 8 月 19 日，岚关乡大路村联户林场受援群众向县司法局赠送锦旗

2015 年 10 月 12 日，受援人旷年安向县司法局法律援助中心赠送锦旗

2010 年 7 月 14 日，县司法局局长刘蓉（左二）带领干部到鑫隆坪村慰问贫困群众

2010 年 10 月 9 日，县司法局、江桥律师事务所到鑫隆坪村小学慰问留守儿童

2013 年，县司法局干部到基层走访困难群众

2015 年 5 月 22 日，县司法局干部到新华村走访慰问

2015 年 5 月 23 日，到敬老院与儿童福利院慰问

2015 年 9 月 10 日，珠藏新华村计生三结合帮扶党员志愿活动

珠藏司法所干部关爱社区矫正人员送温暖

走访困难群众

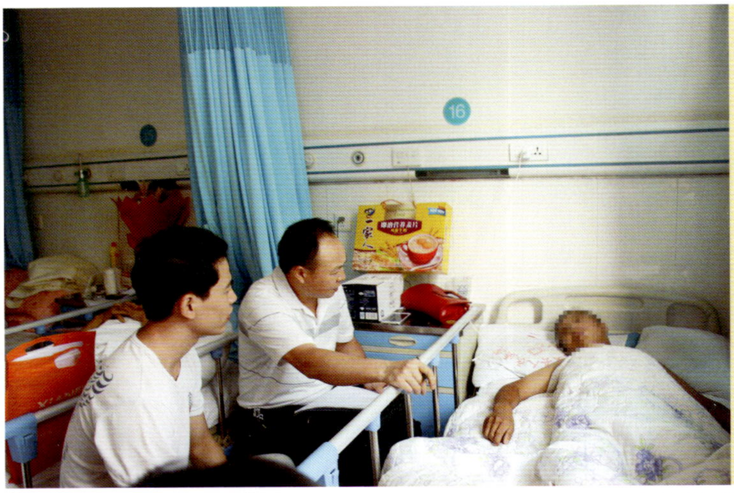

走访慰问患病社区服刑人员

慰问离退休老干部

序（一）

编纂《瓮安县司法行政志（1980—2015）》，目的在于激励人们回顾历史，继往开来，探瓮安司法行政之起源，述司法行政之发展，以史为鉴，知古论今。

瓮安县司法局自1980年成立以来，司法行政人以化解社会矛盾纠纷为己任、以促进社会公平正义为职责、以维护社会和谐稳定为使命，始终坚持围绕中心、服务大局，认真履行法治宣传、法律服务、法律保障三大职能，为瓮安经济社会发展，推进法治瓮安建设做出了积极贡献。

《瓮安县司法行政志（1980—2015）》收集了1980年至2015年司法行政工作资料，客观全面地反映自1980年以来瓮安司法行政35年的发展历程，多方位展示工作成果，实事求是地记叙瓮安司法行政发展的历史和现状，特别是近些年来瓮安司法行政工作取得的显著成绩，在推进依法治县、民主法制建设中的卓越成就。

司法行政志是各级领导和广大群众熟悉了解司法行政工作历史的重要资料。编纂出版的司法行政志要经得起历史检验，反映鲜明的时代特征和司法行政特色。《瓮安县司法行政志（1980—2015）》的编纂几易其稿，斐然成章，将为“法治瓮安”“平安瓮安”建设提供历史借鉴和基础资料，为研究瓮安司法行政发展保存史料，为丰富地方志添砖加瓦。

伟绩丰功留史册，继往开来谱新篇，希望一代代司法行政人克难奋进，开拓创新，在法治建设的征程中谱写出更加辉煌壮丽的篇章！

中共瓮安县司法局党组书记、局长

刘　蓉

2016年12月

序（二）

中国历来有编史修志的传统。正是各种志书的编纂，给后人留下了一笔笔宝贵财富，中华民族几千年的历史演变在史志中都有清晰的记述，激励着人们以史为鉴，知古论今，承前启后，开创未来。

《瓮安县司法行政志（1980—2015）》以翔实、丰富的史料，实事求是地记述了瓮安司法行政工作35年的发展历程和现状。出版的瓮安县司法行政志，对于瓮安司法行政是一部很好的行业史实教材，从中可以得到教益和启迪；对于曾经把毕生精力和心血贡献给瓮安司法行政事业的前辈，从中可以得到慰藉，当今的人没有忘却他们；对于仍在司法行政战线上工作的同志，更可以从中有所吸取，避免前进路上的失误和曲折，研究探索发展规律，扬长避短，把工作做得更好。

“认识过去，服务现在，开创未来。”司法行政机关作为国家法制建设的重要职能部门，在依法治国、建设社会主义法治国家的伟大事业中，肩负着重大的历史使命。我衷心希望瓮安司法行政系统工作人员，能从《瓮安县司法行政志（1980—2015）》中裨益，励精图治，开拓进取，为开创瓮安司法行政工作的新局面，续写新篇章，再创新业绩。

中共瓮安县司法局党组书记、局长

龙　云

2017年5月

凡　例

一、《瓮安县司法行政志（1980—2015）》以马克思列宁主义、毛泽东思想、邓小平理论、“三个代表”重要思想、科学发展观、习近平新时代中国特色社会主义思想为指导，坚持辩证唯物主义和历史唯物主义的立场、观点和方法。以宪法、法律为依据，综合史料，实事求是地记述瓮安县司法行政工作的历史和现状，客观地反映县司法行政工作不断前进的历程。

二、本志依据国务院颁布的《地方志工作条例》的规定编纂。

三、本志记述的时限，上限为1980年10月，即县司法局成立，下限为2015年12月，时间跨度35年。个别重要史料延至2016年。

四、本志书采用述、记、志、图、表、录等体裁，概述为纲，志为主体，附录补充，图表相衬。记事以时间先后顺序编排，同一时期的，按内容分类编入章节或单位序列编排。

五、本志按章、节、目3个层次设置。在文体上，采用记叙体，以第三人称直叙其事。记事上坚持“详近略远”的原则，重点叙述县司法行政的工作。

六、组织、机构、单位、会议等名称，志书中第一次出现时用全称，再次出现时用简称；对涉及的法律、法规、规定等，第一次用全称，括号注明简称后用简称。

七、人物介绍县司法局局长、副局长及有关人员的传略或简介。

八、历史纪年采用公元纪年，公元纪年和统计数字均以阿拉伯数字书写。记述以史实为依据，对日期不详的事件，按年、月表述；月、日都不详的，放在该部分末尾表述。

九、本志资料主要来源于县司法局档案室及科室提供，所有资料均经核实，不标明出处。同时，为保证史料的真实性、完整性，在编辑时，除对个别错别字改正外，其他的原则上不予更正。

目 录

第三章　普法教育

第四章　法律服务

第五章　基层工作

第六章 设备与经费

第七章 人 物

附 录

概 述

瓮安县地处贵州腹地，乌江中游，黔南州北部。东接黔东南州黄平县，南抵黔南州福泉市，西交贵阳市开阳县，北连遵义市湄潭县，东北与遵义市余庆县毗邻，西北同遵义市播州区接壤。贵阳至瓮安、道真至瓮安、江口至瓮安、马场坪至瓮安4条高速公路在瓮安交会，县境内有东、西、南、北站，5个高速公路出口。4条高速公路和2条省道呈放射状从瓮安延伸，四通八达，通江达海，是贵州中部水陆交通枢纽之一。县城距省城贵阳92千米，距州府都匀106千米，到历史名城遵义110千米。全县面积1962.74平方千米，其中耕地面积5.93万公顷，县域东西宽51千米，南北长56千米。全县辖2街道、10镇、1乡，共有82村、2居委会、15社区、1803村民组。县人民政府驻雍阳街道平安大道中段。2015年，全县总人口48.1万人，有苗族、布依族、土家族、仡佬族、彝族等少数民族34个，29101人。

中华人民共和国成立后，逐步健全和推进法治建设，司法行政工作逐步得到党和政府重视，走上常态化、规范化的轨道，对地方政治、经济、文化、生态建设做出了应有的贡献。

一、组织机构逐步健全

在没有设立司法行政机构前，司法行政工作职能由县人民法院履行。1980年7月，国务院批转司法部在全国地方建立司法行政机构。10月，县司法局成立，设公证处、法律顾问处。

1982年，县司法局定编13名。1984年，编制增至26名，其中行政编制14名、律师4名。设基层工作科，配备7区、1镇司法助理员。1985年3月，县下达招干招工指标14名（其中招干9名、招工5名），全局实有编制26人（含司法助理员）。1986年增编1名，1987年增编4名。1988年2月，公证处、法律顾问处升格为政府所属副局级单位。是年，全局编制增至35名。同年建立天文、雍阳法律服务所。1989年，玉山、永和、珠藏、中坪、草塘法律服务所相继建立，由司法助理员兼任法律服务所主任。局机关设办公室、宣传教育科、基层工作科3个内设机构。1990年8月，法律顾问处更名为律师事务所。1991年，撤区并乡建镇，7区司法助理员纳入乡镇综治办，与司法局脱编。1994年1月，成立县中心法律服务所，负责乡镇法律服务工作。是年，局机关内设综合股、宣传调解股、公证处，编制定为27名，其中局长、副局长各1名。1995年，招录司法行政干警8人，接收大中专毕业分配生5人。1996年1月，派出12名司法助理员到12个乡镇工作。是年8月，律师事务所更名为江桥律师事务所。1997年2月，接收大中专毕业分配生3人。是年5月，平定营法律服务所成立。1998年2月，法律服务所更名为法律事务所。1998年，续建7个乡法律事务所，已配司法助理员的14个乡镇相继建立司法所。是年，全县共有15个法律事务所和14个司法所。1999年5月，江桥律师事务所实行差额补贴管理。1999年11月，成立县法律援助中心，为股级机构，定编3名，所需编制在县司法局编制内调剂，不另增编制。2000年，江桥律师事务所与财政脱钩，实行自收自支、自负盈亏管理模式。

2001年，局内设机构调整，设政工科、县依法治理办公室（法制宣传教育股）、律师公证工作管理股、基层工作管理股、法律援助工作管理股、办公室等6个股室。人员编制41名，其中局机关18名、司法助理员23名。2004年8月，增配党组成员、副局长1人。2005年9月，局党组增设党组成员、局长助理1人。2007年11月，增加政法专项行政编制1名（行政编制由41人增加到42人）。2008年8月，调入副局长兼县依法治理办专职主任1人，招录公务员6人。2009年，招录公务员10人，核定工勤人员1人，调出2人。2010年，县政府下达新的“三定”方案，司法局政法专项编制42名，局机关19名，司法所23名，工勤人员2名。局下设政工科（警务科）、综合科（计财装备科）、法制宣传教育科、律师公证工作管理科、法律援助工作管理科（法律援助中心）、基层工作管理科、社区矫正工作管理科及23个乡镇设司法所。2011年，江桥律师事务所恢复财政全额拨款，纳入事业单位管理。7月，增加政法专项编制1名，局政法专项编制由42名增加到43名。9月，县纪委派驻县司法局纪检干部1名。10月，招录公务员5人，接收省司法厅安排定向委培生1人（自带编制，定向到猴场司法所）。11月，招录工勤人员1人。12月，核定江桥律师事务所事业编制5名，招录事业单位工作人员2人。2012年4月，成立瓮安县法律援助中心，为县司法局管理的股级事业单位，核定事业编制5名，由财政全额预算管理，设主任1名。是年，司法局内设7个科室及21个乡镇司法所，年底，司法局政法专项编制50名，实有45人（局班子成员6人、内设科股级干部22人、一般干部17人、工勤人员2人）。2014年12月10日，县司法局根据《关于呈送县司法局主要职责内设机构和人员编制方案的请示》，建议恢复县公证处，为县司法局管理的副科级事业单位。2015年2月13日，县政府批准司法局机构编制，内设政工科（警务科）、综合科（计财装备科）、法制宣传教育科、律师公证工作管理科、基层工作管理科、法律援助工作管理科、社区矫正工作管理科。乡（镇、街道）司法所13个，均为县局设在乡（镇、街道）的派出行政机构。江桥律师事务所为司法局管理的副科级事业单位。县法律援助中心、县社区矫正与安置帮教中心、县公证处均为司法局管理的股级事业单位。纪检监察机构为县纪委监察局派驻机构，纪检组长、监察室主任或副主任由同级干部兼任。

县司法局经过35年的不断调整充实，内设机构从成立初期的2个发展到2015年的内设机构7个，管理的副科级事业单位1个，管理的股级事业单位3个，设在乡（镇、街道）的派出机构司法所13个。机构编制日趋健全、人员充实、职责明确，为司法行政工作的开展奠定坚实基础。

二、普法宣传教育扎实开展

1981年至1985年，在县司法局成立初期，法治宣传教育工作主要是采取广播、标语、宣传车等方式开展。1986年至1990年，按照全国人大常委会《关于公民中普及法律常识规划》和党中央国务院《关于向全体公司普及法律常识五年规划》，根据省、州常委、人大、政府的法制规划和决议，开展“十一法一条例”普法宣传教育，举办学习培训班，全县共培训普法骨干12357人次、普法宣传员18735人次。“一五”普法期间，县普法工作被评为省、州普法先进县，县普法办也被评为全省先进集体。

1991年开始，先后开展“二五”“三五”“四五”“五五”普法。20年的普法宣传教育，领导干部的法律意识和法制观念不断增强；依法行政，依法管理的能力不断提高；企业依法经营、群众依法维权，全民法律素质增强，全社会法治化水平不断提升。

2011 年，召开“五五”普法工作总结表彰暨“六五”普法启动大会，县人大作出《关于深入开展“六五”普法、推进法治县建设的决议》，县委、县政府印发《瓮安县普法依法治理工作实施意见》。调整充实普法依法治理工作领导小组，明确专（兼）职工作人员，县财政每年将普法经费纳入年度财政预算，并逐年增加保障到位，保证普法依法治理工作的正常开展。顺利推进“法律六进”活动，贯彻落实“谁执法”“谁普法”责任制，有针对性开展每年的“三八”妇女维权周、“3·15”消费者权益日、“3·18”科技活动周、安全生产月、综治宣传月、法律援助宣传月、“6·26”国际禁毒日、“12·4”全国法治宣传日等普法宣传活动，共开展法治宣传活动 4500 多次、发放法治宣传资料 330 万余份（册）、发放普法宣传专用手袋 8 万（只）、发放围裙、纸杯、扇子等物品 10 万件（个、把）；开展法律知识竞赛 15 场次、举办“平安园区法治电影周”活动 5 次、组织“六五”普法讲师团走进乡村开展法治宣讲（演出）60 场次、并制作宣传标语、办法治宣传栏，“法律六进”活动取得良好的效果。不断加强青少年法制教育，“青少年法治夏令营”活动常态化、“现身说法”活动制度化，全面落实法制副校长制度。与禁毒办在青少年活动中心建立瓮安县禁毒法制教育基地，学校将法治教育渗透到教学中，做到“四落实”，使全县青少年的法治教育在形式灵活、内容丰富中扎实推进。强力推进依法治理和“法治示范点”创建工作，命名挂牌县级“民主法治示范点”，猴场镇下司社区被命名为“全省民主法治示范社区”，法治宣传教育多形式、深层次、全方位、特创性、趣味性发展，2013 年顺利通过省、州“六五”普法中期督导检查。

2015 年 9 月，瓮安县代表黔南州顺利接受省级“六五”普法验收，“六五”普法期间，瓮安县被中宣部、司法部、全国普法办授予“全国法治县（市）创建活动先进单位”。2016 年 6 月，中宣部、司法部、全国普法办授予瓮安县“全国法治宣传教育先进县（2011—2016 年）”。通过“六五”普法宣传教育，有力推进社会治理创新和“平安瓮安”建设，提高领导干部依法决策能力和依法行政水平，增强公民的法律素质和法治意识，助推全县经济社会发展。

三、基层司法行政工作全面推进

（一）基层法律服务

1988年4月以前，未成立基层法律服务所，法律服务工作由法律顾问处（律师事务所）承担。1988年4月起，各区、乡、镇相继建立法律服务所15个（1998年2月，更名为法律事务所），每个所至少有一名以上的法律服务工作者，法律服务工作者面向基层，面向群众开展方便快捷的法律服务，服务观念不断转变，服务意识不断提高，服务方式不断创新，服务种类、范围不断扩大。办案数量不断增加，办案质量不断提高，有效地发挥了服务基层社会、服务千家万户的法律保障职能作用。

2008年6月28日，瓮安县发生“6·28”事件，为了严肃处理事件，稳定社会，县司法局组织全体司法干部进村入户开展法制宣传，参加县委书记大接访活动，公、检、法、司“四长”大走访活动，有效地化解纠纷、消除积怨，为维护社会稳定做出积极贡献。

（二）人民调解

人民调解是基层司法行政工作的一项重要工作。司法所承担乡镇、村居（社区）人民调解的日常管理和指导工作，参与乡镇重大疑难矛盾纠纷的排查化解工作。

1980年开始，全县逐步建立健全人民调解组织，选聘专（兼）职人民调解员，形成覆盖城乡、村（社区）、行业的人民调解网络体系，创新形式多样的调解运作方式，建立警民、干群“五老”调解室，共同化解矛盾纠纷。2003年至2005年，建立邻边县市乡镇人民调解委员会3个，召开联席会议2次，化解大量毗邻地区的山林、土地、水事等矛盾纠纷。2010年，以县委办、县政府办文件下发《瓮安县进一步加强人民调解工作的实施意见》，建立瓮安县100万元人民调解奖补资金，制定出台《瓮安县人民调解员调解纠纷案件补贴实施办法》等一系列规范性文件。截至2015年年底，全县有各级人民调解组织150个，人民调解员829人，其中行业性调委会4个10人。2010年9月、2012年11月、2015年6月分别联合交警、卫生、工商、房管等部门，率先在全省、全州成立瓮安县道路交通民事损害赔偿人民调解委员会（简称交调委）、瓮安县医疗纠纷人民调解委员会（简称医调委）和瓮安县物业纠纷人民调解委员会（简称物调委）。仅2015年，全县各级调解组织共调解各类矛盾纠纷5419件，调解成功5407件，成功率超过98%，涉及16572人次，涉及金额6197.2万元。人民调解充分发挥“第一道防线”的作用，交调委获省人民政府表彰的“全省优秀人民调解委员会”。加强人民调解员培训，提高各级人民调解员的业务素质，每年都组织对全县各级人民调解员不少于1次的培训，从而不断提高调解员综合素质和调解能力。

（三）安置帮教

1999年，在县司法局设立瓮安县“两劳人员”刑释解教安置办公室，乡镇司法所设立刑释解教安置帮教工作接待站。开展日常安置帮教工作。2009年，按中央政法委提出的“社会矛盾化解，社会管理创新，公正廉洁执法”三项重点工作要求，县司法局结合实际，建立和完善安置帮教工作各项规章制度。各司法所实现“三落实”“四清”“五制度”。2009年至2011年，共接受刑释解教人员1339人，安置帮教率100%，预防和减少了重新犯罪。2012年，安置刑释解教人员32人。2013年，全县刑释解教人员1154人，无缝对接接回刑释解教人员67人。2014年，对“三无”人员、“三假”人员等有明显重新违法犯罪倾向人员和一般帮教对象进行无缝对接衔接。2015年，全县在册刑释解教人员1192人，刑释人员737人，解除劳教35人，社区矫正转入安置帮教420人，协助无缝对接接回刑释解教人员98人。

（四）社区矫正

2010年12月，启动全县社区矫正工作，瓮安县成立社区矫正工作委员会及办公室，23个乡镇成立相应机构。2011年，县司法局成立社区矫正工作管理科，负责指导全县社区矫正工作。5月，公开招考5名社会公益性岗位人员到3个乡镇开展社区矫正工作。8月，启动社区矫正审前调查工作，至12月底共接收社区矫正人员183人，开展审前调查53人。

2012年，对矫正人员建立一人一档，完善工作台账，对社区矫正人员进行监督管理和矫正。2013年，全县累计接收社区服刑人员560人，解除矫正224人。2014年，全县累计接收社区服刑人员786人，解除矫正452人，实有在矫人数334人。2015年，累计接收社区矫正人员1025人，解除矫正739人，实有在矫人数286人，新增社区服刑人员211人。

四、法律服务提质增效

（一）律师工作

1980年11月，成立法律顾问处，开始开展律师业务。1982年，省司法厅授予法律顾问处文渊博律师资格。至1987年，办理刑事辩护案124件，民事代理诉讼案17件，承担法律顾问5家，代写法律文书171件，非诉讼调解29件，法律咨询915人次，接待来访群众1923人次，业务创收10673元。1988年至1990年，办理刑事辩护案141件，代理民事案件89件，担任法律顾问18家，代写法律文书347件，非诉讼调解11件，接待来访3346人次，业务创收27777元。35年来，律师事务所累计办理刑事辩护案件934件，民事代理诉讼案2159件，接待法律咨询57792人次，受理法律援助案件544件，业务收费196.55万元。

（二）公证工作

1980年11月，成立公证处。1981年起，开办公证业务，逐步开展财产继承、确认产权、收养、遗嘱、房屋买卖、经济合同、定向招生、有奖销售等公证业务，并延伸到农业生产、荒山承包、房屋租赁、烤烟生产及购销合同公证。1986年、1988年两年被评为州级先进单位。1998年，办理各类公证事项33688件，超州下达任务300件的112.3倍。2013年至2015年，办理各类公证1778件。公证业务的开展，帮助公民、法人和其他组织正确处理财产、人身关系，对预防纠纷，减少诉讼起到应有的作用。

（三）法律援助工作

法律援助是由政府设立的法律援助机构，为特殊困难或弱势群体、特殊当事人提供法律服务帮助，以保障其合法权益实现的一项法律保障制度，也是实现“法律面前人人平等”的一项补救制度。1999年11月，瓮安县法律援助中心成立，与法律援助工作管理科实行“两块牌子、一套人员”，负责全县法律援助工作。2012年4月20日，县人民政府下文，明确法律援助中心为县司法局管理的股级事业单位，同时为法律援助中心解决事业编制5名。2014年、2015年通过向社会招考、招聘解决法律援助工作人员3名，全县相继在各乡（镇）、单位建立法律援助工作站38个，在各村、居（社区）设立法律援助联络点98个，明确法律援助联络员140人，形成覆盖全县乡（镇、街道）、村（居、社区）、群团组织以及法院、看守所、武装部、监狱、仲裁等部门的法律援助网络体系。

2009 年，瓮安县率先在全国全省设立“100 万元法律援助基金”。截至 2015 年 12 月，全县建立法律援助工作站 38 个，办理法律援助案件 3568 件。发放司法救助金 94 万余元，践行“法律面前，人人平等”的法治思想，有效维护当事人的合法权益和经济利益。县法律援助中心被司法部授予“第四届全国法律援助工作先进单位”。

从 2009 年开始，按照省司法厅的要求，瓮安县司法局开展以“回访、服务、促和谐”为主要内容的法律援助大回访活动，即每年对上一年接受民事法律援助的受援人进行回访，对依然存在的法律援助后续事务继续提供法律援助。通过回访，受援人全面了解法律援助办案情况，办案的效果和质量，受援人是否满意；通过回访，受援人了解办案人员的履职情况，有无收费、有无接受吃请、服务态度好坏等情况；通过回访，宣传法律援助政策，进一步提高法律援助知晓率，让受援人成为法律援助工作义务宣传员，用他们的亲身感受去帮助宣传法律援助的好处，让更多的困难群众和弱势群体能知晓并享受到法律援助，感受到党和政府的温暖。法律援助大回访活动已成常态化。从 2009 年开始，采取入户回访、电话回访等方式回访受援人 5000 余人次，群众满意率 100%，回访已成为县司法局了解民情社情民意，了解群众疾苦的有效方式。

2011 年 5 月，推行法律援助“点援制”，将全县 5 名律师、3 名公证员和 31 名法律援助工作者的个人执业工作资料和照片张贴到墙上，方便法律援助申请人自己挑选，尽力为受援人提供方便、快捷、优质、高效的法律服务。2015 年，按照省、州要求，在县法律援助中心和各乡（镇）挂牌成立公共法律服务中心工作室，瓮安县法律援助工作始终以“扶困济弱”为己任，坚持围绕中心、服务大局，努力实现应援尽援。不断创新法律援助工作，出台法律援助十项便民措施，降低门槛，不断拓宽法律援助范围，凡是涉及民生的事项均纳入法律援助，切实做好农民工、妇女、老年人等重点人群的法律服务和法律援助工作。

法律援助中心成立后，办理各类法律援助案件 3568 件，为困难群众节约诉讼成本，挽回经济损失，群众满意率 100%，共收到群众赠送的锦旗、感谢信等 20 余面（封）。

（四）乡镇法律服务

乡镇法律服务所共调解纠纷574件，办理民事代理148件，代写法律文书858件，业务收费26561元。1982年至2015年，律师事务所实现业务收入196.55万元。

35年来，司法行政战线的全体工作者，解放思想，与时俱进，不断开创司法行政工作的新局面。

展望未来，历史文化厚重、自然资源丰富、交通区位优良的瓮安，更加鼓舞新时期司法行政工作者，勿忘初心，继续前进，为把瓮安建设成为黔中宜居、宜业、宜游的时尚城市而奋斗。

大事记

1980 年

10 月 29 日，黔南州编委、州司法局、州人事局联合发文，分配瓮安县司法系统编制 12 人，可从企事业和非使用行政编制单位调入 4 人。

11 月 7 日，县人民政府调马生荣任县司法局副局长。

11 月 15 日，县司法局成立，同时设立法律顾问处、公证处。

1981 年

11 月 24 日，经中共瓮安县直属机关委员会批复，建立县司法局党支部，马生荣任党支部书记。

是年，法律顾问处开展律师事务，代写法律文书，担任法律顾问、代理民事诉讼。公证处编写、印发公证宣传资料，宣传公证机关的性质、任务和业务范围，开展咨询服务。

1982 年

2 月 27 日，贵州省司法厅授予文渊博律师资格。

5 月 27 日，州人民政府任命县武装部转业干部赵连福为县司法局局长。

1983 年

8 月 16 日，县开展严厉打击刑事犯罪活动，抽出县司法局副局长马生荣、公证处副主任田维伦、法律顾问处文渊傅律师到刑事犯罪收容所工作。

是年，县司法局组织宣传车在全县宣传中共中央《关于严厉打击刑事犯罪活动的决定》《关于打击经济领域中严重犯罪活动的决定》和全国人大《关于严惩严重危害社会治安的犯罪分子的决定》等。

1984 年

2 月 21 日，县人民政府任命田维伦为县司法局副局长、免去公证处副主任职务，马生荣任调研员。

2 月 23 日，县第八届人大常委会第二十四次会议决定任命赵连福为县司法局局长。

2 月 10 日—3 月 10 日，县司法局组织开展“维护妇女儿童合法权益法制宣传月”活动。

4 月，县司法局设置基层工作科。

5 月，县司法局配备雍阳、草塘、中坪、永和、珠藏、玉山、天文 7 区司法助理员。

1985 年

7 月 8 日，县法制宣传教育领导小组成立，办公室设在县司法局，司法局局长兼任办公室主任。

8 月 28 日，县第九届人大常委会第五次会议听取和审议县司法局《关于全县普及法律常识五年规划》报告，作出《关于加强法制宣传教育、普及法律常识的决定》。

1986 年

4 月 30 日，县司法局等单位在县职工俱乐部联合举办首次“五一”“五四”法律知识竞赛，推进青年、共青团员学法用法活动。

是年，“一五”普法宣传教育工作启动，县司法局宣传、动员、组织机关干部学法和举办普法骨干培训班。

1987 年

12 月 21 日，县第十二届人大常委会第二次会议决定任命向中富为县司法局局长。

是年，以普及法律教育为重点，全县举办普法骨干培训班 115 期，培训 3971 人。调解各类民事纠纷 4647 件，调解成功率 94%，防止可能发生非正常死亡 39 件 44 人。建文明村寨 9 个、文明街道 2 个、文明家庭 1180 户。法律顾问处承担刑事辩护 16 件，办理经济法律事务 4 件，担任常年法律顾问 2 家。公证处办理公证业务 137 件，经济合同公证 118 件。

1988 年

2 月 29 日，县人民政府任命宋锡春为县司法局副局长，田维伦为公证处副主任。

2 月，公证处、法律顾问处升格为政府所属副局级单位，隶属县司法局。

4 月，天文法律服务所成立。

7 月，雍阳法律服务所成立。

11 月 17 日，县司法局共青团支部成立，团支部委员由 3 人组成。

是年，县司法局被州司法局评为普法先进单位。

1989 年

3 月 10 日，玉山、永和、珠藏、中坪、草塘法律服务所成立。

3 月，县司法局机关设办公室、宣传教育科、基层工作科。

12 月，县司法局被省司法厅评为普法先进单位。

1990 年

5 月，县司法局抽出局机关和司法助理员 20 余人参与全县开展的反盗窃专项斗争，严厉打击刑事犯罪统一行动，局领导带领机关干警参加中坪区、草塘区的统一行动。

6 月 18 日，经县长会议研究，决定宋锡春任县司法局副局长。

8 月 16 日，法律顾问处更名为律师事务所。

1991 年

3 月 8 日，州司法局授予县律师事务所主任文渊博记三等功一次。

7 月 17 日，县第十一届人大常委会第八次会议审议县司法局《关于在全县开展法制宣传教育第二个五年规划》报告，“二五”普法工作正式启动。

9 月，按省人民政府《关于瓮安县建镇并乡撤区行政区域变更的批复》，7 区司法助理员纳入乡镇综治办，司法助理员与县司法局脱编。

是年，梁贵印被省司法厅评为“先进个人”。

1992 年

3 月，县调整充实县普法领导小组、普法办公室力量，领导小组成员 29

人，办公室9人。“建并撤”工作结束，各乡镇重建普法领导机构，乡镇普法领导小组23个，办公室19个86人。

4月，州司法局对瓮安县7个法律服务所整顿验收，6个法律服务所验收合格，颁发合格证。

12月，龙塘乡法律服务所成立。

是年，随着“建并撤”工作的完善，组织对全县人民调解组织的调整、充实，共建各级人民调解委员会270个，其中村调委会247个、居委调委会14个、厂矿调委会9个，有调解人员1056人，并对调解人员进行思想教育和业务培训。

1993年

6月，县人民政府任命张庆芳为县司法局副局长。

是年，律师事务所试行“一所两制”，招聘律师1名，聘用特邀律师和兼职律师3名，实行按本人收入提成工资和酬金，促进了律师业务的发展，办案数量和质量得到提高。

1994年

1月24日，县编制委员会确定县司法局内设机构、人员编制和领导职数：内设机构为综合股、宣传调解股、公证处，人员编制27名，其中局长1名、副局长1名，综合股、宣传调解股股长或副股长各1名，公证处主任或副主任1名。

1月，经省司法厅批复，县中心法律服务所成立，法律服务工作由中心法律服务所主办。

3月7日，省司法厅授予陈富洪二等功一次。

10月10日，天文镇下堡陇村、草塘镇对门场村人民调解委员会被省司法厅评为优秀人民调解委员会，并予以表彰。

1995 年

1月8日，州司法局授予县司法局文渊傅、马生荣、李文忠、宋锡松司法行政银星荣誉章。

6月，县司法局通过考试录用司法行政干警8人。

10月，县司法局接收大中专毕业分配学生5人。

1996 年

1月，县司法局分配12名司法助理员到天文、草塘、木老坪、珠藏、铜锣、玉山、鱼河、中坪、建中、平定营、永和、岚关工作。

7月24日，县第十二届人大常委会第二十次会议决定任命庹文书为县司法局局长。

8月，县律师事务所更名为江桥律师事务所。

11月28日，县第十二届人大常委会第二十二次会议听取和审议县司法局“三五”普法规划，作出《继续深入开展法制宣传教育的决议》。

1997 年

2月，县司法局接收大中专毕业分配学生3人，分配到松坪、银盏、建中任司法助理员。

3月，县司法局集中乡镇司法助理员和机关工作人员，组成8个组赴各乡镇、厂矿、学校、县直机关等110个单位，对“三五”普法依法治理工作开展情况进行量化检查，108个单位合格。

5月24日，县人民政府任命梁贵印为江桥律师事务所主任。

5月，平定营法律服务所成立。

是年，县司法局编印《“三五”普法法律法规选编》等普法书籍11880余册，分发到机关、农村、厂矿、学校等普法对象。

是年，梁贵印被州司法局评为优秀律师。

1998 年

2 月，根据省司法厅通知，将法律服务所更名为法律事务所。

5 月 26 日，县第十三届人大常委会第一次会议决定任命余家治为县司法局局长。

6 月 5 日，经县委决定，建立县司法局党组，设党组书记 1 名，党组成员 2 名。

6 月 11 日，建立岚关、松坪、木老坪、铜锣、建中、鱼河、银盏法律事务所。

1999 年

5 月，江桥律师事务所试行与财政半脱改革，实行差额补贴管理，工资由财政补贴 50%。

8 月，成立“148”法律服务指挥中心，1 名副局长任指挥中心指挥长；启用“148”法律服务专线电话。

11 月 2 日，县法律援助中心成立，为股级机构。

是年，张群惠被省人事厅、司法厅评为优秀公证员。

2000 年

1 月，江桥律师事务所与财政脱离，工资实行全额自收自支；事务所律师实行浮动工资，按创收比例提取工资报酬。

11 月 19 日，建立龙塘、白沙、木引槽、高水、牛场坝司法所。

是年，以普法宣传教育、学法考试为重点工作，4 月—9 月，分别到城关二小、城关三小、松坪乡、工商局、林业局等单位讲授有关法律法规、上法制课58次，参与学法人员6000余人，发放宣传资料14000余份，干部学法参加考试4600余人，考试合格率为98%。

2001年

3月5日，县司法局与有关单位联合举办“三八”妇女节法律知识竞赛，涉及20余部法律法规，全县36个妇女代表队参赛。

5月26日，县司法局举办大型法制宣传月活动，在人民广场进行文艺演出、宣传法制，发放资料1800余份，咨询解答350余人次。

11月22日，县第十三届人大常委会第二十二次会议听取和审议县司法局“四五”普法规划报告，作出《关于开展“四五”普法依法治理工作的决议》。

12月10日，中共瓮安县委任命周文为县司法局党组书记，严国辉为党组成员。

12月12日，县人民政府任命严国辉为县司法局副局长。

12月14日，县第十三届人大常委会第二十三次会议决定任命周文为县司法局局长。

是年，县司法局下设政工科、县依法治理办公室（法制宣传教育股）、律师公证工作管理股、基层工作管理股、法律援助工作管理股、办公室6个股室，人员定编41名。

是年，黄宇书被省司法厅评为优秀共产党员，刘蓉被州司法局评为“三五普法”先进个人。

2002年

5月15日—16日，县司法局聘请省“宣讲团”教师到瓮安为全县副科级以上干部讲授世界经济贸易组织（WTO）知识。

是年，成立以局长为组长、副局长为副组长、部分股室负责人及律师、法律工作者为成员的法律顾问组，接受82家行政、企事业单位聘请，担任常年法律顾问。

是年，调整“148”指挥中心组成人员，制定和完善各项机制，完成“148”改为“12348”法律服务专用电话工作，使法律服务专用电话进入规范化管理。

2003 年

1 月，县司法局法律援助中心在县残疾人联合会成立残疾人维权工作站，在县妇女联合会成立妇女儿童维权工作站，并协助两工作站拟定相应的工作职责、制度等。

3 月，县司法局在全县开展《贵州省法律援助条例》实施一周年宣传活动。

11 月，省司法厅拨款修建的雍阳镇司法所办公楼建设工程完工。

12 月 27 日，中共瓮安县委任命刘蓉为县司法局党组书记。

2004 年

3 月 2 日，县第十四届人大常委会第七次会议任命刘蓉为县司法局局长。

3 月 22 日—29 日，县司法局联合有关单位送法到基层，分别到牛场坝乡、老坟嘴乡、永和镇、白沙乡，发放法律法规宣传资料 35000 余份，并在 4 个乡镇进行法制文艺演出。

4 月 13 日，州司法局副局长王家键一行到县司法局检查指导工作，到草塘镇调查了解村（居）人民调解组织情况。

4 月 24 日，县司法局组织干警到珠藏镇关店村开展送法进村法治宣传和帮扶活动。

5 月 21 日，由县司法局牵头在县城中街开展法治宣传活动，县领导孙志清、雷兆发、犹永芬、肖松、王志军及 16 个单位领导参加活动。

8 月 13 日，中共瓮安县委任命陈安源为县司法局党组成员。

8 月 28 日，县人民政府任命陈安源为县司法局副局长。

9 月 8 日，县司法局组织参加全州司法行政系统“公正执法树形象”文艺演出。

9月14日，县司法局在北斗山监狱举行首家法律援助工作站揭牌仪式，省司法厅、省监狱管理局等有关领导参加仪式。

10月23日，县依治办组织全县干部职工7562人参加学法用法考试，及格率为99.93%。

11月25日，县人民政府办公室印发《瓮安县关于切实加强法律援助工作的意见》。

8月和11月，县司法局两次组织开展量化评分方式，对各乡镇、机关、企事业单位普法依法治理工作进行督促检查，通报检查结果，指出存在的问题，提出整改措施。

是年，县司法局法律援助中心在县总工会、团县委、老龄委等社会团体、23个乡镇、监狱建立法律援助工作站，为规范程序、完善制度，制定《法律援助工作规程》等制度。

2005年

2月3日，县司法局召开保持共产党员先进性教育活动启动大会，县督导组组长陆安银、联系司法局的县领导雷兆发到会指导，州督导组组长陈治恩到会作讲话提要求。

2月24日，县司法局党支部组织机关全体党员干部到猴场会议会址接受革命传统教育，重温入党誓词。

3月2日，县司法局组织干部到珠藏镇关店村扶贫点对帮扶的7户对象开展帮扶活动，送去衣物、化肥、农资等物品。

3月16日，县司法局联合有关单位开展“3·15”维权法制宣传，巡回播放《中华人民共和国消费者权益保护法》，发出宣传资料36000余份，收缴、销毁一批伪劣商品。

5月30日，根据县普法依法治县领导小组会议要求，县司法局组织人员对县“四五”普法依法治理工作进行量化评分检查验收，4个验收组到被查单位，按统一的标准，逐项检查、严格评分，至6月8日结束，各被查单位资料完备，基本完成“四五”普法规划确定的目标任务，对存在的问题提出整改时限和要求。

9月8日，中共瓮安县委任命徐艳红为县司法局党组成员、局长助理。

9月30日，州司法局副局长王家键一行到中坪检查司法所业务用房建设情况。

11月24日，县第十四届人大常委会第二十一次会议听取和审议县司法局2003年以来贯彻实施《人民调解委员会组织条例》情况的报告。

2006年

1月20日，县司法局召开2005年度全县司法行政工作总结大会，贯彻传达全省、全州司法行政工作会以精神，通报2005年各项工作完成情况，干部进行述职，评出先进集体4个、先进个人和优秀共产党员各6名。

2月22日，县司法局在全局开展中层干部竞争上岗竞职演讲、面试、民主测评，邀请县委政法委、组织、宣传及县人事、公安等部门领导担任评委并进行全程监督。

4月13日，县委政法委书记罗来平带领司法局等部门领导到司法厅专题协调原农场职工安置补偿公证事宜。

4月28日，召开全县“四五”普法总结表彰暨“五五”普法工作启动会议，县普法依法治县领导小组与各乡镇、部门签订2006—2007年度普法依法治理工作责任状。

6月20日，州司法局局长莫俊国到县司法局检查指导工作。

7月20日，县第十四届人大常委会第二十七次会议听取和审议县人民政府“四五”普法依法治理工作情况和“五五”普法依法治理规划工作启动情况的报告，县人大作《关于开展普法依法治理工作决议》。

8月19日，县司法局到瓮安监狱夹山监区开展帮扶活动，县领导王志军及县委政法委、县法院、县检察院领导参加活动。

9月8日，县司法局党组召开局党员领导干部民主生活会，全体班子成员参加。

10月13日，州司法局副局长胡真理等到县司法局检查指导律师公证、法律援助工作。

10月24日，县司法局到黄平县与黄平县司法局、浪洞乡协调成立老坟嘴、浪洞两乡联合调解组织。

11月9日，县司法局聘请"个协"歌舞队、夕阳红歌舞队为瓮安县"五五"普法法制文艺宣传工作队。

11月10日，县依治办召开2006年全县干部职工学法用法考试动员部署会议。

11月29日，县依治办召开"12·4"全国法治宣传日活动安排部署会，副县长肖松主持，县公检法司相关部门领导参加会议。

12月1日，县司法局在县城中街开展"12·4"全国法制宣传日系列活动。

12月7日，县司法局到中坪镇开展年度干部职工学法用法考试巡查工作，县人大常委会副主任侯永发、县政协副主席王志军等参加。

12月18日，州司法局纪检组长高银祥一行到县司法局对局领导班子成员开展民主测评评议工作。

2007年

2月13日，县第十五届人大常委会第一次会议决定任命刘蓉为县司法局局长。

3月13日，县司法局组成2个工作组，进入构皮滩水电站瓮安淹没区，宣传《大中型水利水电工程建设征地补偿和移民安置条例》（国务院第471号令）、《中华人民共和国治安管理处罚法》等法律法规和《瓮安县库区移民限期搬迁通告》，动员移民按期搬迁。

3月20日，县司法局召开2007年7个司法所建设招投标会，县城建招投标成员单位参加。

3月29日，县司法局召开县刑释解教人员安置帮教工作协调领导小组成员会议，安排部署2007年刑释解教人员安置帮教工作和开展刑释解教人员摸底排查工作。

5月2日—24日，县司法局根据县人大常委会对州、县、乡镇人大代表进行有关法律法规培训的要求，组织全局人员对宪法、监督法、地方组织法、代表法等法律的讲授认真备课，打印讲稿，分别到23个乡镇为州、县、乡镇人大代表600余人授课，为人大代表增强法律意识提供理论基础，为履行职务和合法行使权利提供理论平台，为依法履职指明法律保障。

6月4日，副县长肖松到玉山镇了解司法所建设情况，并要求玉山镇政府在土地、资金等方面给予支持。

6月25日，县依治办邀请河南普法艺术团分别到瓮安中学、瓮安四中等开展法制文艺演出。

7月17日—31日，县依治办围绕“五五”普法规划中的重点对象，分四期举办农村普法骨干培训班，对全县247个村党支部书记、村委会主任494人进行培训，发放农村普法读本494册。

10月26日，瓮安县第一所“居民法制学校”在雍阳镇花竹社区正式挂牌成立，分管县领导肖松参加活动，律师为100余名社区居民上法制课，受到社区居民的欢迎和好评。

11月1日，县第十五届人大常委会第五次会议听取和审议县司法局局长刘蓉代表县人民政府作的贯彻实施《贵州省法律援助工作条例》工作情况的报告。

12月6日，县司法局在县人民广场开展“12·4”全国法治宣传日、法制文艺演出等一系列活动。

12月11日，县司法局组织全局干部开展全县领导干部学法用法考试评卷工作。

是年，县司法局获黔南州司法行政系统目标管理考核一等奖。

2008年

1月，瓮安县出现罕见特大凝冻灾害，全县交通瘫痪，水电中断，持续时间长，给群众生产生活造成严重影响。县司法局按照县委、县政府部署，组织人力物力，协助有关部门完成安置、救助、宣传、维稳、巡逻等各项工作。

3月26日，县司法局开展“维护未成年人合法权益，关爱青少年健康成长”为主题的法制宣传、法律咨询活动，发放未成年人保护法、未成年人预防犯罪法、义务教育法、禁毒等法律法规资料5000余份，接受法律咨询50余人次。

5月7日，县司法局在县城建局召开司法所建设招投标会议，县司法、城建、审计、监察、检察院等部门相关领导参加。

6月1日，县依治办组织律师、公证员等到县城街上宣传律师法、公证法、禁毒法等法律法规。

6月27日，县司法局在艳山红林场召开瓮安县“五五”普法中期督导检查工作汇报会。

6月28日，江桥律师事务主任梁贵印到县武警中队培训“军地两用人才”。

7月3日，县委副书记孙志清主持召开政法系统“6·28”事件反思会，县委政法委、公检法司的领导及部分代表参加。

7月6日，县司法局结合瓮安县“6·28”事件和贵州省“打黑除恶”专项斗争的开展，在县城组织开展宣传活动，发放法律法规宣传资料及法律书籍4500余份（册）。

8月14日，中共瓮安县委任命周国祥为县司法局党组成员。

8月15日，县人民政府任命周国祥为县司法局副局长、县依法治理办公室主任。

9月17日—23日，县司法局组织瓮安监狱、北斗山监狱的服刑人员到永和中学等18所中小学开展现身说法活动，受教育人数达3万人。

11月8日，县依治办组织机关干部职工到瓮安三中集中开展学法用法考试，县领导庞鸿、罗来平、周全珍等参加督查巡考。

12月1日，县司法局在县人民广场开展“12·4”法治宣传、法治文艺演出系列活动。

是年，县司法局获县委、县政府表彰的“禁毒工作先进单位”“2007年度创省级人口和计划生育优质服务先进单位”“瓮安县信访工作先进单位”“瓮安县文明单位”；获“黔南州司法行政重点工作绩效目标考评二等奖”。

2009 年

1 月 14 日，省依治办领导穆志国、龙海波等一行到瓮安县对法制副校长工作情况进行调研，召开法制副校长及相关部门座谈会。

2 月 22 日，县司法局与县广播电视局共同制作的广播电视节目《法制时间》正式开播，由律师、法律服务工作者、公证员讲解土地流转、物权法、法律援助等相关法律法规，通过录音后于每周二、四、六首播，每天早、中、晚在固定时间播放。

3 月 2 日，县司法局联合有关单位举办“瓮安县‘三八’妇女节法律及党纪党规知识竞赛”，共有 18 个单位部门参赛，经过激烈紧张角逐，县中医院等 6 个参赛队分别获一、二、三等奖。

3 月，瓮安县设立 100 万元法律援助基金，解决困难群众打不起官司，打官司难的问题。

7 月 16 日，瓮安县青少年法制征文、法制漫画比赛结束。从 4 月起，比赛共收到法制征文 729 篇，法制漫画 735 幅，通过专家评委评选，评出一等奖 3 名、二等奖 3 名、三等奖 3 名、优秀奖 9 名。

7 月 18 日—26 日，县司法局与县帮教办、县教育局联合举办的首届瓮安县青少年法制夏令营活动，38 名全县各中学推送的优秀学生参加此次夏令营活动，参营学生到北京参观首都博物馆、科技馆、圆明园，到清华大学、北京大学体验大学生活，返瓮后到县看守所通过少年犯现身说法警示教育，前后、正反两方面的教育使学生们对前途和未来充满向往，也增强了法律意识。

8 月 5 日—7 日，县司法局举办全县各乡镇村（居）、社区人民调解暨普法骨干业务培训，参加培训的有乡镇政法委书记、司法所长、村（居）、社区调委会主任 140 余人。

11 月 3 日，县司法局、县教育局举办法制副校长、法制教师培训班，全县 49 所学校的 49 名法制教师、53 名兼职法制副校长参加培训。

是年，县司法局获县委、县政府表彰的“瓮安县禁毒工作先进单位”“瓮安目标管理考核三等奖”，获“黔南州司法行政系统目标管理综合考核一等奖”。省人民政府授予草塘镇人民调解委员会“优秀人民调解委员会”，郑小虎被省司法厅评为“先进个人”，周祥被省司法厅评为“优秀人民调解员”。

2010 年

3 月 1 日，州司法局局长莫俊国率州局基层科、法律援助中心、律公科负责人到瓮安县鱼河司法所调研基层司法行政工作，通过走访、调查和查阅资料、听取汇报，对鱼河司法所在人民调解、安置帮教、普法宣传等工作中取得的成绩予以肯定并提出要求。

5 月 19 日，县人民政府任命熊教辉为县依法治理办公室主任。

5 月 25 日—26 日，州委政法委副书记马建平带领州“五五”普法工作检查验收组对瓮安县普法工作检查验收，给予“领导重视、目标明确、重点突出、措施具体、效果明显”的肯定和评价。瓮安县“五五”普法工作通过州级验收。

6 月 1 日，县司法局在县人武部、各乡镇成立瓮安县维护国防利益和军人军属合法权益法律援助中心和乡镇涉军维权法律援助工作站。

6 月 26 日，县司法局、县禁毒办联合在园区开展“禁毒宣传进万家暨禁毒电影周”宣传活动。

7 月 14 日，县司法局局长刘蓉带领干部到鑫隆坪村慰问贫困群众。

7 月 29 日，县第十五届人大常委会第二十七次会议听取和审议县司法局局长刘蓉代表县人民政府关于“五五”普法工作实施情况的报告。

8 月 13 日，江桥律师事务所党支部成立，它是黔南州律师行业第一家成立党支部的律师事务所。

9 月 17 月，县道路交通事故民事损害赔偿人民调解委员会成立。

10 月 9 日，县司法局、江桥律师事务所到鑫隆坪村小学慰问留守儿童。

10 月 13 日，县司法局在县职中开展“现身说法”法制教育。

11 月 16 日，全州律师行业党建工作现场会在瓮安召开，县司法局在会上作经验交流发言。

12 月，县人民政府下达“三定”方案，县司法局政法专项编制 42 名，内设政工科、综合科、法制宣传教育科、律师公证工作管理科、基层工作管理科、社区矫正工作管理科，23个乡镇均设司法所。

是年，县司法局获县委、县政府表彰的“瓮安县信访工作先进集体”，“瓮安县目标管理考核三等奖”；获“黔南州司法行政系统目标管理综合考核一等奖”。刘蓉获黔南州“三八红旗手”称号。

2011年

1月24日，中共瓮安县委任命熊教辉为县司法局党组成员。

3月10日，省司法厅厅长刘伟到瓮安县调研基层司法行政工作，作《充分发挥司法行政工作服务性、基础性、保障性作用》的讲话，对瓮安县司法行政工作给予肯定。

3月23日—24日，省司法厅社区矫正处处长王开祥、法规仲裁处副处长谢相梅到瓮安县调研未成年人违法犯罪和轻罪犯罪记录消除工作。

4月7日，县司法局法律援助基金使用审查领导小组对申请人杜某某于1993年12月被伤害（三级伤残）一案研究，认为符合法律援助基金使用个案救助范围，决定提供15000元救助基金，使18年的案件得以了结。

8月8日，根据县委政法委《对可能宣告缓刑的犯罪嫌疑人进行审前调查专题会议纪要》要求，县司法局按程序对社区矫正审前调查工作正式启动。

8月13日，司法部基层工作司基层工作处处长白杰一行到瓮安县调研刑释解教人员安置帮教和社区矫正工作。

8月21日，全省加强社会管理创新、做好新时期群众工作经验交流会在瓮安县召开，中央政法委副书记王军全、省委书记栗战书、省长赵克志等中央、省、州领导出席会议。

9月19日，中共瓮安县委任命余文刚为县司法局党组成员，任命付家群为县司法局党组成员、中共瓮安县纪委派驻县司法局纪检组组长。

9月27日，县人民政府任命余文刚为县司法局副局长。

10月12日—28日，县司法局按照雍阳、玉山、永和、珠藏、中坪、猴场6个片区对全县村居（社区）“两委”干部、人民调解员开展培训，培训人员

700余人。

11月8日，省司法厅厅长刘伟到瓮安县司法局对司法行政工作进行调研。

11月16日，县司法局在县人民法院、县交警大队挂牌设立法律援助工作站。

12月15日，赵忠华、何岭、邹学春、王道金被省司法厅评为全省“人民调解能手”。

2012年

1月14日，司法部副部长张苏军在省司法厅厅长刘伟、州司法局局长莫俊国的陪同下到瓮安基层司法所慰问司法行政干警。

2月22日，根据县检察院和司法局联合制定的《关于建立检调对接工作实施办法》，首启“检调对接”工作，成功调解纠纷2件并达成调解协议。

2月，县政府印发《瓮安县法律援助基金使用管理办法》，明确规范使用法律援助基金的相关要求。

3月13日，挂牌成立瓮安县法律援助中心人民调解委员会。

4月20日，县编委会发文成立瓮安县法律援助中心为县司法局管理的股级事业单位，核定事业编制5名，由财政全额预算管理，设主任1名。

5月3日，县第十六届人大常委会第一次会议决定任命刘蓉为县司法局局长。

5月14日，州司法局局长莫俊国、法律援助科科长罗肇伟、办公室主任刘涛到瓮安县雍阳镇开展法律援助大回访。

5月25日—6月25日，县司法局组织法律援助工作者、律师及局机关干部对2011年度办理的法律援助案件135起，开展“法律援助大回访”。

7月17日，县司法局与县人力资源和社会保障局联合成立瓮安县劳动争议仲裁院法律援助工作站。

8月2日，中共瓮安县委任命刘蓉兼任中共瓮安县委政法委副书记。

8月9日，县司法局到永和中学开展法制宣传教育活动。

9月4日，瓮安县安置帮教就业基地在县钰盛塑料编织袋有限公司举行授牌仪式，并成立首家企业法律援助工作站。

9月4日，司法部授予赵忠华“全国人民调解能手”荣誉称号。

10月13日，由贵州省律师协会未成年人保护专业委员会、青少年维权中心主办，县司法局、县人民法院、江桥律师事务所协办的“新起点”小额爱心基金救助启动仪式在瓮安举行，13名青年学生受到资助，获得26000元爱心基金。

11月16日，组织县直机关干部职工在县三中开展2012年度学法用法集中考试。

11月30日，在全州率先成立首个县级医疗纠纷人民调解委员会，即瓮安县医疗纠纷人民调解委员会。县政府县长尹德俊，副县长张宽、夏吉友等领导参加揭牌仪式。

12月11日，县司法局获首批“省级法治县（市）创建活动先进单位”。

12月18日，司法部授予县司法局第四届“全国法律援助先进集体”。

12月26日，永和、鱼河司法所被省司法厅授予“省级规范化司法所”。

2013年

1月8日，江桥律师事务所以及律师梁贵印、左世富、邓国平、张庆芳、饶成佳、王雪云在全省法律援助在中国大型公益活动中分别荣获“先进律师所”和“先进个人”。

1月15日，黔南州司法局局长工作会议暨社区矫正工作现场会在瓮安召开，瓮安县司法局在会上作经验交流发言。

1月22日，梁贵印律师被省律师协会授予“优秀律师”称号。

3月13日，中央综治委调研组领导到瓮安安置帮教基地调研。

3月15日，州委常委、县委书记蒋映生，县委副书记、县长尹德俊等领导参加全县人民调解工作会议。

4月23日，召开瓮安县社区矫正工作志愿者聘任大会，向126名志愿者颁发聘书，并对他们进行培训。

6月13日—24日，县司法局组织7名心理咨询师到15个乡镇办事处对全县286名在册社区服刑人员开展心理疏导工作。

6月25日，省司法厅厅长吴跃到瓮安县医疗纠纷人民调委员会、江桥律师事务所调研。

8月30日，县司法局举行“中国梦、司法梦、我的梦”演讲比赛，18人参加演讲，评出一、二、三等奖6名。

8月，刘蓉荣登中央文明办“敬业奉献类”中国好人榜。

9月23日，王国胜获司法部表彰的“全国模范人民调解员”称号。

9月25日，州妇联主席张蓉到县司法局授牌，授予县司法局“黔南州妇女信访代理示范县”。

9月，刘蓉获贵州省十大“最美政法干警”“贵人善行——百名‘最美贵州人’”荣誉。肖扬在黔南州司法行政系统开展的“中国梦”演讲比赛中获三等奖。

10月12日，广东省律师协会及《法制日报》《南方日报》等单位媒体到瓮安县司法局采访“1+1”法律援助工作及“1+1”法律援助律师张晶。

11月13日，县司法局在县公安局看守所挂牌成立法律援助工作站。

12月18日，县普法依法治县领导小组对评选出的6个民主法治示范点，集中授牌。

2014年

1月23日，县司法局组织瓮水、雍阳、银盏、猴场的123名社区服刑人员在猴场召开警示教育大会，开展集中公益劳动。

3月8日，中共瓮安县委任命陈达为县司法局党组成员、政工科科长。

3月11日，县司法局党支部组织全局干部职工到冷少农烈士故居和县反腐倡廉教育基地接受革命传统教育和廉政教育，重温入党誓词。

4月28日—29日，省司法厅副厅级专员胡红雁等到县司法局调研纪检监察机关“三转”（转职能、转方式、转作风）工作，并到3名受援人家开展法律援助大回访。

5月20日，县司法局举办2014年度全县人民调解委员会主任培训会，全县村、居、社区调委会主任150余人参加培训。

5月30日，县司法局举办县机关中层干部、执法人员150余人参加的依法行政专题法制讲座。

6月3日，在黔南州医疗纠纷人民调解工作推进会上，副县长杨昌勇代表瓮安县作经验交流发言。

6月8日，县司法局会同有关单位在县城人民广场开展“拒绝高利诱惑，远离非法集资”法制宣传活动。

7月5日，县长尹德俊、副县长杨昌勇、政法委书记韦松、武装部部长孟先锋等县领导到县司法局调研交通、医疗纠纷人民调解工作。

7月10日，司法部授予瓮安县司法局“‘1+1’中国法律援助志愿者行动全国先进单位”。

8月13日，省群工委书记魏树旺在县人民政府副县长杨昌勇陪同下到县交调委视察工作。

8月18日，县司法局、江桥律师事务所、珠藏、中坪、建中、永和、玉山等司法所分别获州级“文明单位”和“文明窗口”称号。

10月20日，县司法局对县50余个事业单位新录用的280名人员进行法律知识培训。

11月26日，县司法局召开瓮安县法律援助受援人代表集中回访座谈会。

12月3日，县人民政府任命周国祥为县司法局常务副局长，熊教辉为县司法局副局长。

12月17日，省司法厅法制宣传处处长莫玉辉、副处长谢向梅等到瓮安县检查法治县创建工作，副县长杨昌勇介绍瓮安法治县创建工作情况。

2015年

3月10日，州司法局副局长曹志昂一行6人到县司法局召开实施联通社区矫正手机定位征求意见座谈会。

3月30日，县司法局机关党支部，江桥律师事务所党支部到猴场会议会址开展缅怀革命先烈、重温入党誓词活动。

4 月 9 日，省司法厅社区矫正工作处处长刘传德等到县司法局调研指导社区矫正工作。

6 月 9 日，瓮安县物业纠纷人民调解委员会挂牌成立。

6 月 23 日，州司法局纪检组长黎方文、法律援助科科长罗肇伟等一行到猴场司法所检查指导工作。

6 月 25 日，县司法局组织召开老党员“七一”慰问座谈会。

8 月 3 日，州司法局纪检组长黎方文等到县司法局督察执法执纪暨重点工作落实情况。

9 月 29 日，省政协副主席陈敏、省司法厅副厅长卢庆祥、州人大常委会副主任符晓刚等省、州领导组成的“六五”普法工作验收组到瓮安县检查验收“六五”普法工作。

10 月 9 日，县司法局组织召开在律师中开展全面依法治国教育活动征求意见座谈会，县人大、政协、政法委、公安、法院、检察院等部门相关领导参加，对律师提出中肯的意见和建议。

10 月 21 日，县司法局召开公务员职务与职级并行晋升考核工作会议，对符合晋升条件的 15 人进行考核。

11 月 2 日，副县长杨昌勇主持召开瓮安县社区服刑人员帮教实施方案专题审议会，县委政法委与公、检、法、司及成员单位相关领导参加会议。

11 月 4 日，为贯彻落实第十二届全国人大常委会《关于特赦部分服刑罪犯的决定》，州中级人民法院、州司法局特赦工作现场会在瓮安召开。

11 月 25 日，中共瓮安县委任命陈明为县司法局党组成员、中共瓮安县纪委派驻县司法局纪检组组长。

是年，县司法局被司法部评为“全国法治县（市、区）创建活动先进单位”，被省司法厅评为“全省司法行政系统先进集体”。县司法局党组被州委党建领导小组评为“2013 年—2017 年第三轮州机关事业单位党建工作先进党组”。

第一章　组织机构

在县司法局未成立前，司法行政工作职能由县人民法院履行。为加强社会主义民主和法制建设，开展司法行政工作，1980 年 7 月 21 日国务院批转司法部关于建立地方司法行政机构的报告，县成立司法行政工作机构。

第一节　机构沿革

1980 年 10 月 29 日，黔南州编委、州司法局、州人事局联合发文，分配瓮安县司法系统编制 12 人，可从企事业和非使用行政编制单位调入 4 人。11 月 15 日，县人民政府发文成立司法局，设公证处、法律顾问处。1982 年，司法局定编 13 名。1984 年，编制增至 26 名，其中行政 14 名、律师 4 名，设置基层工作科，配备 7 区 1 镇司法助理员。1985 年，县下达招干招工指标 9 名，其中招工 5 名，全局编制 35 名，实有 26 人（含司法助理员）。1986 年，增加编制 1 名。1987 年，增加编制 4 名。1988 年 6 月，县编制委员会下达司法局定编行政 30 名、事业 5 名。1994 年，编制定为 27 名，其中局长 1 名、副局长 1 名。1995 年 6 月，通过考试录用司法行政干警 8 人。10 月，接收大中专毕业分配学生 5 人。1999 年 11 月，成立法律援助中心，为股级机构，定编 3 名（所需编制在司法局内部调剂）。2001 年 12 月，司法局内设政工科、县依法治理办公室（法制宣传教育股）、律师公证工作管理股、基层工作股、法律援助工作管理股（法律援助中心）、办公室（计财装备股）6 个科室及 23 个乡镇司法所，人员编制 41 名（司法助理员 23 名、局机关 18 名）。2004 年 8 月，增配党组成员、副局长 1 人。2005 年 9 月，局党组增设党组成员、局长助理 1 人。

2007年，县司法局政法专项编制增加1名，由41名增为42名（司法助理员24名、局机关18名）。2008年8月，调入1人任副局长兼县依法治理办专职主任，招录公务员6人。2009年，招录公务员10人，调出2人。2010年12月，县人民政府印发县司法局主要职责及内设机构和人员编制规定的通知，县司法局政法专项编制42名，其中：局机关19名，司法所23名。设局长1名、副局长2名、纪检组长1名、政工科长1名、依治办主任1名（副科级）、科长或副科长7名、乡镇司法助理员23名、机关工勤人员2名，由财政全额预算管理。2011年10月，省编办为珠藏司法所增加政法专项编制1名，司法局专项编制由42名增加为43名。10月，招录公务员5人。11月，招录工勤人员1人。12月，县编办核定江桥律师事务所事业编制5名。招考事业单位工作人员2人，安排到江桥律师事务所工作。2012年4月，成立瓮安县法律援助中心为县司法局管理的股级事业单位，核定事业编制5名，由财政全额预算管理，设主任1名。是年，司法局内设7个科室及21个乡镇司法所，年底，司法局政法专项编制50名，实有45人（局班子成员6人、内设科股级干部22人、一般干部17人、工勤人员2人）。至2014年12月，县司法局政法专项编制50名。其中：局机关21名，设局长1名、常务副局长1名、副局长1名、纪检组长1名、政工科长1名（副科级）、依治办主任1名（副科级）、科长或副科长7名、乡镇司法所29名，其中司法所所长13名、机关工勤人员2名，由财政全额预算管理。2015年2月13日，县人民政府批准县司法局内设机构和人员编制规定，县司法局政法专项编制50名。其中：局机关19名、司法所31名，设局长1名、副局长2名（其中常务副局长1名，正科长级）、纪检组长1名、政工科长1名（副科长级）、依治办主任1名（副科长级）、科长或副科长7名、乡（镇、街道）司法所长13名、机关工勤人员2名。江桥律师事务所事业编制5名，均为管理人员，设主任1名、副主任1名。县社区矫正与安置帮教服务中心，事业编制18名，均为管理人员，设主任1名，副主任1名，其中13名派驻乡镇（街道办事处）。县法律援助中心，事业编制5名，均为管理人员，设主任1名。县公证处，事业编制5名，均为管理人员，设主任1名。

县司法局成立后，初期设公证处、法律顾问处，1988年2月，公证处、法律顾问处升格为政府所属副局级单位，隶属于县司法局。1988年4月，建天文法律服务所，7月建雍阳法律服务所。1989年，玉山、永和、珠藏、中坪、草塘法律服务所分别成立，由司法助理员兼任法律服务所主任。司法局机关内设办公室，宣传教育科、基层工作科3个内设机构。1990年8月，法律顾问处更名为律师事务所。1991年，县行政区划调整，实行建镇并乡撤区，7区司法助理员纳入乡镇综治办，司法助理员不在司法局编制内。1994年1月，经省司法厅批复，成立县中心法律服务所，法律服务工作由中心法律服务所负责。是年，司法局内设综合股、宣传调解股、公证处。1996年1月，派出12名司法助理员到天文、草塘、木老坪、珠藏、铜锣、玉山、鱼河、中坪、建中、平定营、永和、岚关工作。8月，律师事务所更名为江桥律师事务所。1997年2月，接收大中专毕业生分配学生3人，直派松坪、银盏、建中任司法助理员。5月，平定营法律服务所成立。1998年2月，根据省司法厅通知，将法律服务所更名为法律事务所。1998年6月5日，经县委研究，决定建立县司法局党组，初期设党组成员3名，其中党组书记1人。1998年6月11日，相继建立岚关、松坪、木老坪、铜锣、建中、鱼河、银盏法律事务所，已配司法助理员的14个乡镇相继成立司法所，法律事务所、司法所为“两块牌子一套人员”(后同)。是年，共有15个法律事务所和14个司法所。1999年11月，成立县法律援助中心。2001年，司法局下设政工科、县依法治理办公室（法制宣传教育股)、律师公证工作管理股、基层工作管理股、法律援助工作管理股、办公室6个股室。2004年8月，增配党组成员、副局长1人。2005年9月，局党组增设党组成员、局长助理1人。2010年12月，县政府下达“三定”方案，司法局下设政工科（警务科)、综合科（计财装备科)、法制宣传教育科、律师公证工作管理科、基层工作管理科、社区矫正工作管理科，23个乡镇均设司法所。2012年，司法局下设政工科、综合科、法制宣传科、基层工作管理科、法律援助工作管理科、社区矫正科、律师公证管理科（含江桥律师事务所和公证处）7个科室和瓮水、雍阳、银盏、猴场、天文、珠藏、高水、江界河、玉山、鱼河、中坪、建中、白沙、平定营、永和、老坟嘴、牛场坝、小河山、木引槽、玉华、岚关21个司法所，其中小河山、木引槽、玉华、岚关4个司法所有编制无人员。2013年6月24日，省人民政府以批复文件（黔府函〔2013〕142号)，同意瓮安县关于部分乡镇行政区划调整的请示，将21个乡镇行政区域调整为13个行政区域。根据调整后乡镇行政区域和县司法局科室及乡镇司法所编制情况，2014 年 12 月 10 日，县司法局向县人民政府呈送局内设机构和人员编制方案的请示，恢复县公证处，为县司法局管理的副科级事业单位。2015 年 2 月 13 日，县人民政府批准县司法局主要职责内设机构和人员编制规定，司法局内设机构为：政工科（警务科）、综合科（计财装备科）、法制宣传教育科、律师公证工作管理科、基层工作管理科、法律援助工作管理科、社区矫正工作管理科、纪检监察机构为县纪委监察局派驻机构，纪检组长、监察室主任或副主任由同级干部兼任。乡（镇、街道）司法所 13 个，瓮水司法所、雍阳司法所、银盏司法所、平定营司法所、猴场司法所、中坪司法所、建中司法所、永和司法所、岚关司法所、珠藏司法所、江界河司法所、玉山司法所、天文司法所均为司法局设在乡镇（街道办事处）的派出机构。江桥律师事务所为司法局管理的副科级事业单位。县社区矫正与安置帮教中心、县法律援助中心、公证处均为司法局管理的股级事业单位。

第二节 机构职能

县司法局成立初期，内设机构 2 个，经过 35 年不断充实调整，截至 2015 年 12 月，其内设行政机构 7 个，管理的副科级事业单位 1 个，管理的股级事业单位 3 个，设在乡（镇、街道）司法所 13 个。

1980 年 11 月 25 日，成立县司法局，内设公证处、法律顾问处，负责管理人民调解、法制宣传、公证、律师等专项工作。1984 年 4 月县司法局设基层工作科，5 月，配备 7 区、1 镇司法助理员，负责辖区的基层调解委员会，开展法制宣传教育工作，受理基层调解委员会经调解不服移送的案件，及时向上级反映和汇报本辖区的司法行政工作情况。1988 年 4 月起，区、乡镇相继建立法律服务所，由司法助理员兼任法律服务所主任，负责群众法律咨询，代写法律文书，协办公证、见证，诉讼代理，法律顾问，纠纷调解等法律服务。1989 年 3 月，县司法局机关设办公室、宣传教育科、基层工作科。1994 年 1 月，县中心法律服务所成立，法律服务工作由中心法律服务所负责。1 月 22 日，县编制委员会发文确定县司法局主要职能、内设机构、人员编制的通知，县司法局主要职能：贯彻执行党和国家关于司法工作的方针、政策和法律、法规；负责管理法制宣传与普及法律常识的工作；负责管理律师工作和公证工作；负责管理和指导人民调解、司法助理员及乡镇法律服务工作，参加社会治安综合治理；承办县委、县政府和上级业务部门交办的其他事项。内部机构设综合股，负责处理局机关日常事务、文字档案工作，人事劳资福利和离退休人员的服务工作。宣传调解股，负责法律宣传与普及法律常识、法学教育及依法治理等工作；管理和指导人民调解、司法助理人员及乡镇法律服务工作，参加社会治安综合治理。公证处，行使国家证明权，负责法律行为、法律事件有法律意义的文书或事实的公证。1996 年 1 月，恢复天文、草塘、木老坪、珠藏、铜锣、玉山、鱼河、中坪、建中、平定营、永和、岚关 12 个乡镇司法所，并派驻 12 名司法助理员。1997 年 2 月，松坪、银盏建立司法所，5 月，平定营法律服务所建立。1998 年 2 月，接省司法厅通知，将法律服务所更名为法律事务所。6 月，建立岚关、松坪、木老坪、铜锣、建中、鱼河、银盏法律事务所。1999 年 11 月，成立县法律援助中心。2010 年 12 月，中共瓮安县委、县人民政府印发《瓮安县人民政府机构改革实施意见》的通知，设立县司法局，为县政府工作部门，明确了主要职责。司法局内设机构 7 个，即政工科（警务科）、综合科（计财装备科）、法制宣传教育科、律师公证工作管理科、基层工作管理科、法律援助工作管理科（法律援助中心）、社区矫正工作管理科，并明确各科职能。司法所为县司法局设在乡镇机构。纪检监察机构为县纪委监察局派驻机构，纪检组长、监察室主任或副主任由同级干部兼任。2015 年 2 月，县人民政府批复县司法局，内设机构 7 个（同 2012 年内设机构），乡镇司法所 13 个，县司法局管理的副科级事业单位 1 个，江桥律师事务所，股级事业单位 3 个，县社区矫正与安置帮教服务中心，县法律援助中心，县公证处，明确县司法局职责和内设机构及县司法局管理的事业单位职责（见附录）。

第二章　司法队伍建设

加强自身建设，对于县司法局正确和有效行使法定职权，保证普及法律教育，推进依法治理，做好法律服务，促进经济社会发展，发挥律师、公证工作服务经济建设的作用，开展法律援助，促进社会和谐发展，推动基层司法行政工作在社会管理中的作用，更好地依法行政和公正司法具有重要意义。

第一节　党群组织

一、党的组织

（一）司法局支部委员会

2011 年 6 月 10 日，县司法局党支部在“遵义会议”纪念馆重温中国共产党建党历程

县司法局成立后，为加强党的组织建设，报告县直属机关委员会建立县司法局党支部。1981 年 11 月 24 日，经中共瓮安县直属机关委员会批复，同意建立司法局党支部，党支部每 2—3 年进行一次换届选举，支部委员会设支委 3 人，由支部党员大会选举产生，支部书记由支委会选举产生，马生荣首任司法局党支部书记，向中富、庹文书、张庆芳、陈安源、周国祥、付家群先后任支部书记。司法局支部现有中共党员 36 名（含离退休人员）。

（二）江桥律师事务所支部委员会

为加强和提升律师行业党建工作，扩大律师行业党的组织和工作覆盖面，发挥律师行业党组织和党员在经济社会发展，维护公平正义和法律服务中的战斗堡垒作用和先锋模范作用，确保律师事业健康发展，2010 年 8 月 11 日，经中共瓮安县直属机关委员会批复，同意成立中共瓮安县江桥律师事务所支部委员会。2010 年 8 月 13 日，江桥律师事务所召开党支部成立选举会议，经无记名投票选举，梁贵印当选为律师事务所支部委员会书记。2013 年 8 月 18 日，召开党支部换届选举会议，梁贵印当选为支部委员会书记。现江桥律师事务所支部委员会有中共党员 5 名（含退休 1 人）。在县委、县直属机关委员会和司法局党组的领导下，律师事务所党支部遵守、执行党章和党纪党规，逐步建立完善各项制度，开展“三会一课”和节日纪念活动，坚持“党要管党，从严治党”的方针，发挥党支部的战斗堡垒作用和党员先锋模范作用，参与推动各个时期司法行政工作的创新发展。

2013 年 11 月 28 日，县司法局党风廉政建设民主测评会召开

二、党建工作

县司法局党组自觉接受县委的领导，坚持重大决策和重大事项请示汇报制度，把党建工作当作基础和保障来抓，切实从思想、组织、作风、反腐倡廉和制度上抓党的建设，发挥机关党组织的政治核心作用，按照县委、县纪委的安排部署，在县直属机关委员会的领导和指导下，开展整建党，“三讲”“三个代表”，实践科学发展观、创先争优、“三个建设年”活动，开展了党的群众路线教育实践活动、“三严三实”专题教育活动，县司法局结合工作职能，开展了系列党建活动。

1. *党的群众路线教育实践活动*。围绕保持和发展党的先进性和纯洁性，以“为民、务实、清廉”为主题，按照“照镜子、正衣冠、洗洗澡、治治病”的总要求，自上而下深入开展。县司法局在党的群众路线教育实践活动中，结合开展“法律服务进万家”活动，活动效果成效明显。司法局专题民主生活会在县督导组督导下召开，组织生活会作为县直部门观摩点先行召开。局活动办工作人员被县委活动办表彰为先进个人。

2. *“三严三实”专题教育活动*。县司法局在集中学习的基础上，研究部署“三严三实”学习教育。按照局制定的学习方案和学习计划，局党组采取多种形式组织全局党员干部深入学习习近平总书记“三严三实”要求和重要讲话精神。结合个人、思想、工作谈对“三严三实”的学习感受和认识体会，谈不严不实表现及危害，谈司法行政业务、服务人民群众和实际工作中如何加强作风建设，提高服务能力和水平。把“三严三实”教育转化为推动作风建设和全面发展的动力，凝聚强大的正能量，心系群众，多做实事。

3. *“三亮一创”活动*。要求党员上班时间和公务活动中一律佩戴党徽，设立巾帼示范岗、党员示范岗、法律服务岗等岗位标识牌。党员结合业务工作及本人特长作出服务承诺，带头提供优质高效的法律服务，在工作中比业绩、比奉献。

4. *率先开展小康驻村工作*。选派局班子成员担任驻村第一书记，派出优秀年轻干部担任驻村干部。第一书记和驻村干部坚守岗位认真履职，为驻村地群众办实事。自开展小康驻村工作开始，全局每年均有 1 名以上党员干部参加小康驻村工作。

5. *开展党员志愿者活动*。县司法局有党员志愿者及法律援助和矛盾纠纷调处两支志愿者。党员志愿者工作队是与县法院、县检察院、县委政法委为一个志愿者工作队。每月开展一次志愿者服务工作，并为困难群众“微心愿”圆梦。法律援助与矛盾纠纷调处志愿者联盟是由县司法局主要负责，志愿者是由司法局党员及法律援助工作者、行业调解委员会调解员等组成。均结合工作，开展“送法进校园”活动，到县特殊学校等开展“关爱明天、普法先行”等主题活动，向师生及家长发放宣传资料、围裙等法治宣传品，捐赠棉被、盖被等生活用品。

6. “结对帮扶”活动。县司法局作为县直部门与村或社区进行结对帮扶。分别包保帮扶了建中镇鑫隆坪村、珠藏镇新华村、瓮水办事处新庄社区、雍阳街道办事处城北社区等。对帮扶村或社区解决办公物资、提供法律服务、慰问当地留守儿童及困难群众等。

7. 落实“三会一课”制度。在“三会一课”正常开展的情况下，与本系统的平塘县、福泉市、龙里县、荔波县、印江县、长顺县等司法局党支部，包保联系的村、社区党支部共同开展党建工作交流、党员集中活动、双向组织生活以及登山、知识竞赛、趣味体育比赛、演讲比赛、文艺晚会等，增进党员之间的友谊，增强党支部的凝聚力。

党的群众路线教育实践活动，党建工作取得成效。落实党建主体责任，齐抓共管有作为。落实管党责任，切实加强对党建工作的领导，细化落实党组织党建工作责任书，党组书记是第一责任人，党组成员是共同责任人，党支部支委成员是主体责任人的领导体制。健全党内民主，坚持组织生活会制度。每年党员民主评议，党员之间开展批评与自我批评直面问题不回避，开门见山显诚心，不徇私情讲原则，增进理解，促进团结，形成合力，达到成效。党支部坚持支部大会、支委会、党小组会、上党课等制度，加强对党员的教育、管理、监督、服务，做好党员发展工作，按期进行支部换届选举，使党支部工作规范化。通过对党的基本理论、基本路线、基本纲领的教育，以及世界观、人生观和价值观的教育，使党员时刻牢记党的宗旨、理想、信念。在各个时期的工作中，发挥党支部的战斗堡垒作用和共产党员的先锋模范作用。党支部自建立后，多次被评为先进党支部，多名党员被评为优秀共产党员，优秀党务工作者，受到表彰。

2010 年 8 月 13 日，瓮安县江桥律师事务所党支部成立，它是黔南州律师行业第一家成立党支部的律师事务所。全州律师行业党建工作现场会于2010年11月在瓮安召开。

为加强党对律师行业的领导，提升律师行业党建工作，扩大律师行业党的组织，发挥律师行业党的组织和党员在经济社会发展，维护公平正义和法律服务中战斗堡垒作用和先锋模范作用，确保律师行业健康发展，经司法局党组研究决定报县直属机关委员会批复，同意成立中共瓮安县江桥律师事务所支部委员会。

江桥律师事务所支部委员会成立后，首先在健全组织及制度上下功夫，把党内的民主管理制度引入到事务所的管理中，做好党建工作和律师工作相结合；结合践行宗旨教育活动，加强党的知识宣传教育，加强党支部的自身建设，提高党员律师的政治和业务素质，保证党员律师率先垂范，以身作则，增强党支部在律师中的感召力和影响力，发挥党支部的战斗堡垒作用和领导核心作用；在支部活动正常化上下功夫，设立党员律师示范岗，爱心服务岗，开展党员爱心服务和创先争优活动，组织党员律师认真积极履职，为群众提供优质高效法律服务。按照“坚持标准，保证质量，改善结构，慎重发展”的要求，在律师事务所注重对青年律师的培养，以增强党组织的生机和活力，把律师事务所的优秀分子吸收到党的队伍中来。

三、工青妇组织

1986年，成立县司法局工会组织，推举1人负责工会工作，收取会费。后建立基层工会委员会，工会委员会由3人组成，设工会主席1人，委员2人，并按照工会章程，组织开展工会活动。1988年11月17日，经团县委研究决定，同意成立县司法局团支部，团支部委员由3人组成，设团支部书记1人，支部委员2人。1994年，成立县司法局妇女委员会，推举1人为妇委会主任，由县妇联统一组织活动。

第二节　队伍建设

1980年10月29日，黔南州编委会、州司法局、州人事局联合发文分配瓮安县司法局编制12人，含可从企事业和非行政编制单位调入4人。1980年11月，司法局成立，有在职人员5人，设副局长1人，法律顾问处2人，公证处2人。1982年6月，在职7人，局长1人，副局长1人，公证处2人，法律顾问处1人，会计、打字员（兼出纳）各1人。1982年8月，调入1人任公证处副主任。1984年，全局编制26人，实有15人，增设基层工作科，配备7区司法助理员各1人。1985年编制增至35人，实际在编26人。1988年编制35人，实际在编30人，同年4月至1989年7月区建立法律服务所，由司法助理员兼任法律服务所主任。1989年8月，局机关内设办公室，宣传教育科、基层工作科，法律顾问处更名为律师事务所。1994年1月，成立瓮安县中心法律服务所。是年，司法局内设综合股、宣传调解股、公证处。1996年1月，派出12名司法助理员到12个乡镇。8月，律师事务所更名为江桥律师事务所。1998年2月，法律服务所更名为法律事务所。1998年3—6月，已配司法助理员的14个乡镇相继建立司法所，司法助理员兼任司法所长和法律事务所主任。2010年12月，局内设机构6个，23个乡镇设立司法所。2012年局内设7个科室，21个乡镇司法所。2014年12月司法局向县人民政府呈送局内设机构和人员编制方案的请示。2015年2月13日县人民政府批准司法局内设机构7个，政法专项编制50名，工勤编制2名。江桥律师事务所事业编制5名，县公证处事业编制5名，以上事业编制均为管理人员。2015年12月县司法局在职人员68人，结构为：中共党员36人；学历，研究生1人，本科47人（含在职学历），大专20人（含在职学历）；年龄，20岁—30岁21人，31岁—40岁28人，41岁—50岁11人，50岁以上8人。

表 2-1　　司法局历届党政领导班子一览表

职务	姓名	性别	族别	任职时间	备注
局长	赵连福	男	汉	1982. 5—1987. 12	
	向中富	男	汉	1987. 12—1996. 7	
	庹文书	男	汉	1996. 7—1998. 5	
	余家治	男	汉	1998. 5—2001. 12	
	周　文	男	汉	2001. 12—2004. 3	
	刘　蓉	女	汉	2004. 3—	
常务副局长	周国祥	男	汉	2014. 12—	
副局长	马生荣	男	汉	1980. 11—1984. 2	
	田维伦	男	汉	1984. 2—1988. 2	
	宋锡春	男	汉	1988. 2—1993. 5	
	张庆芳	男	汉	1993. 6—2001. 12	
	严国辉	男	汉	2001. 12—2004. 1	
	陈安源	男	汉	2004. 8—2008. 11	
	周国祥	男	汉	2008. 8—2014. 11	2008. 8—2010. 5 任依治办主任
	余文刚	男	汉	2011. 9—2014. 4	
	熊教辉	男	汉	2014. 12—	2010. 5—任依治办主任
党组书记	余家治	男	汉	1998. 6—2001. 12	
	周　文	男	汉	2001. 12—2003. 12	
	刘　蓉	女	汉	2003. 12—	

续表

职务	姓名	性别	族别	任职时间	备注
党组副书记	周国祥	男	汉	2014. 12—	
党组成员	张庆芳	男	汉	1998. 6—2001. 12	
	梁贵印	男	汉	1998. 6—2001. 12	
	严国辉	男	汉	2001. 12—2004. 1	
	陈安源	男	汉	2004. 8—2008. 11	
	周国祥	男	汉	2008. 8—2014. 11	
党组成员	徐艳红	女	汉	2005. 9—2011. 9	
	熊教辉	男	汉	2011. 1—	
	余文刚	男	汉	2011. 9—2014. 4	
	付家群	女	汉	2011. 9—2015. 11	
	陈　达	女	汉	2014. 3—	副科长级
	陈　明	男	苗	2015. 11—	
纪检组长	付家群	女	汉	2011. 9—2015. 11	
	陈　明	男	苗	2015. 11—	
监察室主任	陈远忠	男	汉	2012. 2—2014. 4	
	肖　杨	女	汉	2014. 4—2015. 5	
	倪元梅	女	汉	2015. 5—	

表 2-2 司法局内设科室负责人一览表

科室名称	职务	姓名	性别	族别	任职时间	备注
公证处	副主任	田维伦	男	汉	1982.2—1984.2	
		杨修模	男	汉	1990.12—1993.5	
		张群惠	男	汉	1999.3—2006.3	
政工科	科长	徐艳红	女	汉	2008.11—2013.1	
		陈　达	女	汉	2014.3—	
	副科长	王国胜	男	汉	2006.3—2011.3	
		陈远忠	男	汉	2011.3—2012.2	
		陈　达	女	汉	2013.10—2014.3	
综合科（股、办公室）	科长（主任）	徐艳红	女	汉	2006.3—2008.11	
		陈　达	女	汉	2012.3—2013.10	
		黄　梅	女	汉	2015.5—	
	股长	尹竹松	男	汉	1996.12—2002.3	
	副科长	陈　达	女	汉	2011.3—2012.3	
法制宣传教育科	科长	梁贵印	男	汉	1991.4—1993.5	
		周　祥	男	汉	2011.3—2011.11	
		赵　淼	男	水	2012.3—2014.1	
	副科长	尹竹松	男	汉	1993.8—1996.12	
律师公证工作管理科（股）	股长	张群惠	男	汉	2006.3—2011.3	
	科长	王　杰	男	汉	2011.3—	

续表

科室名称	职务	姓名	性别	族别	任职时间	备注
基层工作管理科（股）	股长	罗朝琴	女	汉	2006. 3—2011. 3	
	科长	黎官礼	男	汉	1993. 6—2001. 12	
		王国胜	男	汉	2011. 3—	
法律援助工作管理科（股）	股长	田德全	男	汉	2006. 3—2011. 3	
	科长	陈海福	男	汉	2011. 3—2014. 2	
社区矫正工作管理科	科长	王振悦	女	汉	2011. 3—	
依法治理办公室	副主任	周　艺	男	汉	2006. 3—2010. 1	

表 2-3　　江桥律师事务所负责人一览表

职务	姓名	性别	族别	任职时间	备注
主任	文渊博	男	汉	1987. 12—1991. 1	
	梁贵印	男	汉	1997. 5—	
副主任	梁贵印	男	汉	1993. 8—1997. 5	
	邓国平	男	汉	2012. 3—	

表 2-4　　1988 年—1991 年法律服务所建立情况表

雍阳法律服务所	草塘法律服务所	中坪法律服务所	永和法律服务所	玉山法律服务所	珠藏法律服务所	天文法律服务所

表 2-5　　1998 年—2010 年法律事务所、司法所建立情况表

名称	名称
雍阳司法所	白沙司法所
平定营司法所	岚关司法所
草塘司法所	老坟嘴司法所
中坪司法所	高水司法所
永和司法所	铜锣司法所
珠藏司法所	鱼河司法所
玉山司法所	木老坪司法所
天文司法所	银盏司法所
玉华司法所	木引槽司法所
松坪司法所	牛场坝司法所
小河山司法所	龙塘司法所
建中司法所	

注：二所合一

表 2-6　　2013 年后法律事务所、司法所建立情况表

瓮水司法所	雍阳司法所	银盏司法所	平定营司法所	猴场司法所	中坪司法所	建中司法所	永和司法所	岚关司法所	珠藏司法所	江界河司法所	玉山司法所	天文司法所

第三节　表彰奖励

县司法局历届领导班子团结一致，带领司法系统干部职工践行司法行政工作，攻坚克难，开拓创新，司法行政等各项工作取得较好成绩，得到司法部、省、州、县有关部门的表彰和奖励。获部级以上表彰奖励集体 5 个次，个人 3 人次；省级表彰奖励集体 8 个次，个人 20 人次；州级表彰集体 6 个次，个人 12 人次；县级表彰奖励集体 20 个次，个人 22 人次。

表 2-7

1984 年—2016 年瓮安县司法局受表彰先进集体、个人情况统计表

表彰时间	表彰部门	受表彰单位、个人	表彰称号
1984 年	州司法局	文渊博	先进个人
1984 年	州司法局	龙仕祥	先进个人
1984 年	州司法局	秦仕蓉	先进个人
1984 年	州司法局	田维伦	先进个人
1988 年	州司法局	县司法局	普法先进单位
1989 年	省司法厅	县司法局	普法先进单位
1991 年	州司法局	文渊博	记三等功一次
1991 年	省司法局	梁贵印	先进个人
1993 年	县委、县政府	梁贵印	两个文明先进个人
1994 年	省司法厅	陈富洪	记二等功一次
1994 年	县委、县政府	黄宇书	两个文明先进个人

续表

表彰时间	表彰部门	受表彰单位、个人	表彰称号
1994 年	省司法厅	天文镇下堡陇村、草塘镇对门场村调解委员会	优秀人民调解委员会
1995 年	州司法局	文渊博、马生荣李文忠、宋锡松	银星荣誉奖章
1997 年	州司法局	梁贵印	优秀律师
1999 年	省司法厅、人事厅	张群惠	优秀公证员
2001 年	省司法厅	黄宇书	优秀共产党员
2001 年	州司法局	刘　蓉	“三五”普法先进个人
2007 年	州司法局	县司法局	黔南州司法行政系统目标管理一等奖
2008 年	县委、县政府	县司法局	瓮安县文明单位
2008 年	县委、县政府	县司法局	瓮安县信访工作先进单位
2008 年	省政府	徐艳红	全省法律援助先进个人
2008 年	县委、县政府	县司法局	瓮安县禁毒工作先进单位
2008 年	州司法局	县司法局	重点工作绩效目标考核二等奖
2008 年	县委、县政府	县司法局	2007 年度创建省级人口和计划生育优质服务先进单位
2009 年	县委、县政府	县司法局	瓮安县禁毒工作先进单位
2009 年	县委、县政府	县司法局	瓮安县目标考核管理三等奖

续表

表彰时间	表彰部门	受表彰单位、个人	表彰称号
2009 年	州司法局	县司法局	重点工作绩效目标考核一等奖
2009 年	省司法厅	郑小虎	先进个人
2009 年	省人民政府	草塘镇人民调解委员会	优秀人民调解委员会
2009 年	省人民政府	周　祥	优秀人民调解员
2010 年	州委、州政府	刘　蓉	州“三八红旗手”
2011 年	省司法厅	赵忠华	全省人民调解能手
2011 年	省司法厅	何　岭	全省人民调解能手
2011 年	省司法厅	邹学春	全省人民调解能手
2011 年	省司法厅	王道金	全省人民调解能手
2011 年	县信访突出问题及群体事件联席会议	县司法局	2011 年度信访工作先进集体
2011 年	县委、县政府	县司法局	2010 年度目标管理考核三等奖
2012 年	省依法治省领导小组	县司法局	2011 年—2012 年度依法治县（市、区）创建工作先进单位
2012 年	县人大常委会	县司法局	办理 2011 年县人大常委会审议意见二等奖
2012 年	县纪委、县监察局	县司法局	瓮安县反腐倡廉曲艺大赛组织奖
2012 年	县委、县政府	县司法局	2011 年人口与计划生育综合治理工作先进单位
2012 年	县委、县政府	陈　达	县信访工作先进个人

续表

表彰时间	表彰部门	受表彰 单位、个人	表彰称号
2012 年	县委	陈　达	2012 年度优秀共产党员
2012 年	司法部	县司法局	第四届全国法律援助先进集体
2012 年	司法部	赵忠华	全国人民调解能手
2012 年	县委、县政府	陈　达	先进个人
2012 年	县纪委	杨继钟	先进个人
2012 年	省司法厅	永和司法所	规范化司法所
2012 年	省司法厅	鱼河司法所	规范化司法所
2013 年	省律师协会	江桥律师事务所	先进律师所
2013 年	省律师协会	梁贵印	先进个人
2013 年	省律师协会	左世富	先进个人
2013 年	省律师协会	邓国平	先进个人
2013 年	省律师协会	张庆芳	先进个人
2013 年	省律师协会	饶承佳	先进个人
2013 年	省律师协会	王雪云	先进个人
2013 年	省律师协会	梁贵印	优秀律师
2013 年	县委	陈　达	先进个人
2013 年	县委	邹学春	先进个人
2013 年	县委	陈海福	先进个人
2013 年	县委	刘　敏	先进个人
2013 年	县委	胡　鹏	先进个人
2013 年	县委	梁贵印	先进个人

续表

表彰时间	表彰部门	受表彰单位、个人	表彰称号
2013 年	县委	陈　达	优秀共产党员
2013 年	县委	县司法局	先进基层党组织
2013 年	中央文明办	刘　蓉	中国好人
2013 年	省委政法委	刘　蓉	最美政法干警
2013 年	省委宣传部	刘　蓉	最美贵州人
2013 年	司法部	王国胜	模范人民调解员
2013 年	县委	县司法局	解放思想大讨论先进单位
2014 年	县委	陈　达	先进个人
2014 年	县委	肖　杨	先进个人
2014 年	县委	杨继钟	先进个人
2014 年	县委	王国胜	先进个人
2014 年	县委	梁贵印	先进个人
2014 年	县委	赵忠华	先进个人
2014 年	县委	龙　涛	先进个人
2014 年	县政府	县司法局	法制信息先进集体
2014 年	司法部	县司法局	“1+1”中国法律援助工作先进单位
2014 年	县人大常委会	县司法局	办理落实县人大常委会2013 年度审议意见二等奖
2014 年	县委、县政府	县司法局	2013 年度目标管理考核二等奖

续表

表彰时间	表彰部门	受表彰 单位、个人	表彰称号
2014 年	州文明办	县司法局、律师事务所等	2012 年—2013 年度文明单位、文明窗口等
2015 年	县政协	陈　达	优秀提案先进个人
2015 年	县委、县政府	县司法局	2014 年度争项争资工作考核二等奖
2015 年	县委、县政府	县司法局	2014 年度社会治安综合治理、信访、普法工作二等奖
2015 年	州委党建领导小组	县司法局	2013 年—2017 年第三轮全州机关事业单位党建工作先进党组
2015 年	县委、县政府	县司法局	2014 年度目标管理考核一等奖
2015 年	县委、县政府	刘力民	保密工作先进个人
2015 年	县委、县政府	县司法局	民族团结创建示范单位
2015 年	司法部	县司法局	全国法治县（市、区）创建活动先进单位
2015 年	省司法厅	县司法局	全省司法行政系统先进集体
2016 年	中宣部、司法部、全国普法办	瓮安县	2011—2015 年全国法治宣传教育先进县
2016 年	司法部、团中央	县司法局	“1+1”法律援助志愿者行动 2015 年度先进单位

第三章　普法教育

1985年7月8日，县成立法制宣传领导小组，办公室设在县司法局，司法局局长兼任办公室主任。1985年8月28日，县人大常委会听取和审议县司法局关于在全县普及法律常识五年规划报告，并作出决议，在全县开展"一五"普法工作，当年举办县、区、乡三级普法骨干培训班指导全县法律常识普及工作。之后成立县普法依法治理领导小组，办公室设在县司法局法制宣传科，在县委、县政府的领导下，在县人大的监督下，具体负责指导全县依法治理普法工作的开展，普法工作步入制度化、常态化。县司法局受县人民政府委托，向县人大常委会报告普法规划和普法工作的开展情况。自1991年以来，县委、县人民政府多次召开普法表彰会议，对先进集体和先进个人表彰奖励。全县进行30年的普及法律常识工作，实施六个五年普法工作规划，通过法制宣讲编发法律读本，建立健全普法制度，组织法律考试等有效途径开展普法工作，普及法律常识工作收效明显，公民法律意识在普及法律知识中逐渐增强，依法维权和遵纪守法的自觉性得到提高。

第一节　普法机构

1985年11月第六届全国人大常委会第十三次会议作出的《关于在公民中普及法律常识的决议》和党中央、国务院《关于向全体公民普及法律常识五年规划》，省、州党委、人大、政府作出法制规划和决议，县普及法律教育工作由1985年7月8日成立的县法制宣传教育领导小组办公室，指导组织全县普及法律知识的学习培训工作。1996年1月，成立了县普法依治理领导小组办公室，具体负责全县普法及依法治理工作的开展。

第二节　普法工作

自1980年11月县司法局成立以来的35年，法制宣传坚持弘扬《中华人民共和国宪法》精神，宣传刑事、民事、经济以及与人民群众生产生活密切相关的法律法规，宣传党在各个历史时期的各项方针政策，提高公民依法办事的自觉性。1986年，按中组部、中宣部、司法部等六部委联合规定的法制教育中长期目标，制定和通过“一五普法规划”，开始在全民中开展法制宣传教育活动。

一、第一个五年普法规划

第一个五年普法教育，1986年—1990年，简称“一五”普法。1985年8月28日县第九届人大常委会第五次会议听取和审议县司法局《关于我县普及法律常识五年规划》报告，作出《关于加强法制宣传教育、普及法律常识的决议》。在县委、县政府的领导下，在县人大、县政协的监督下，有组织、有计划、有步骤地在全县公民中实施“一五”普法规划。全县7区1镇47个乡，247个村，总人口385041人，应普法对象264578人。各级各部门建立普法组织，举办局级以上干部普法学习班，职工学法培训班，农村普法员培训班等，先后共培训骨干12357人，普法宣传员28735人。在全县9岁以上有接受能力的公民中进行“十一法一条例”（宪法、民法通则、民事诉讼法、刑法、刑事诉讼法、婚姻法、继承法、经济合同法、森林法、兵役法、民族区域自治法、治安管理处罚条例）的基本法律常识普及教育。印发“十一法一条例”宣传提纲3000套，农村普法宣传提纲1万册。全县参加学法27.40万人，占总人口的71.16%；参加考试11.31万人，及格率达87.41%。建立普法登记卡11万册。完成了第一个五年普法规划任务。

县普法工作被评为省、州先进集体，县普法办被评为全省普法先进单位。县政府召开全县普法表彰大会，表彰先进集体25个，先进个人50名。

二、第二个五年普法规划

“二五”普法，1991 年— 1995 年。《关于在全县开展法制宣传教育第二个五年规划》经县第十一届人大常委会第八次会议于 1991 年 7 月 20 日审议通过，县委转发了该规划，全县“二五”普法工作正式启动。全县成立各级普法领导小组 304 个，成员 1012 人，普法办公室 52 个，工作人员 125 人。印发法律读本 12790 余册，宣传材料 33500 份，培训普法骨干 6900 人次。“二五”普法对象是：工人、农民、知识分子、干部、学生、居民等以及其他有接受能力的公民，重点对象是乡以上领导干部、执法人员（含司法人员和行政执法人员），各类受委托和聘用的执法人员、宣传、教育工作者。普法内容有《中华人民共和国宪法》《中华人民共和国行政诉讼法》《中华人民共和国义务教育法》《中华人民共和国国旗法》及普法主管机关确定的需要学习的 30 余部法律法规。通过多层次、多形式开展法制宣传教育，抓专业法的学习，于 1993 年 6 月和 1994 年 6 月，组织两次学法考试，参考 11034 人次，参考率 96. 25%，成绩在 85 分以上的占 99. 6%。经过普法学习，增强干部职工和人民群众的法律意识和法制观念，做到依法行政，各行各业实施依法治理。

1996 年 4 月，县委、县政府组织召开“二五”普法表彰会，表彰先进集体 6 个，先进个人 20 名。1996 年 8 月，县供销联合社、县林业局、县保密局分别被全国供销总社、林业部、国家保密局评为“二五”法制宣传教育先进集体。

三、第三个五年普法规划

2000 年 10 月，县机关普法考试

“三五”普法，1996年—2000年。1996年1月，县将原普法机构更名为瓮安县普法依法治县工作领导小组办公室，领导小组成员有县委、人大、政府、政协主要领导及有关部门负责人37人，办公室有专职人员4人。1996年11月28日县第十二届人大常委会第二十二次会议听取和审议县司法局“三五”普法规划，作出《继续深入开展法制宣传教育的决议》。全县各级各部门建立普法领导小组57个。成员285人，下设办公室57个，工作人员171名。举办普法培训班149期，培训普法骨干11942人。县普法办汇编《“三五”普法法律法规选编》8000余册，编印普法考试复习资料3500册，《农民普法读本》4900册，印制普法宣传资料93900余份。共投入普法经费269700元。6749名公务员、企业经管人员、教师、职工参加全州组织的法律知识考试注册，考试合格率为99.26%，参考率达98%以上，通过普法学习，提高了全县干部、群众学法用法的自觉性，增强了公民的整体法律意识。民间纠纷逐年下降，经济社会持续发展，财政收支平稳与人民群众的消费需求矛盾发生率下降，行政案件逐年减少，刑事案件逐年下降。2000年完成“三五”普法并通过验收，荣获全州普法先进县。

四、第四个五年普法规划

“四五”普法，2001—2005年。2001年11月22日县第十三届人大常委会第二十二次会议听取和审议县人民政府“三五”普法总结和“四五”普法规划报告，作出《关于开展“四五”普法依法治理工作的决议》。“四五”普法主要对象是领导干部、司法干部和执法人员、青少年以及企业经营管理人员。把宣传与整顿规范市场经济秩序相关的法律法规，宣传与维护社会稳定相关的法律法规，宣传社会发展迫切要求普及的各项法律法规作为主要内容。目标是“两个提高，两个转变”，即提高干部群众法制意识向提高其法律素质的转变，由注重依靠行政手段管理向注重运用法律手段管理的转变。通过普法教育，核心是实现“两个转变”。“四五”普法期间，全县各级各部门健全机构，制定规划，加强领导，明确责任，落实措施，重视投入、规范管理。县普法办订购普法教材31100册，印制法制宣传资料252万余份，科技宣传资料58.9万余份，免费分发到普法对象，保证干部群众学法有资料，执法有依据。“四五”普法期间，全县学法用法参考率为100%，考试合格率为99.8%。通过普法教育，增强各级干部职工、特别是领导干部学法用法的自觉性，提高法律素质和依法行政，依法决策，依法管理经济社会事务的能力，全社会法治管理水平不断提高，各项工作步入法制化管理轨道。通过省、州验收，荣获全州普法先进县称号。

2006年4月28日，县组织召开“四五”普法依法治理工作表彰会，表彰先进集体10个，先进个人35名。

五、第五个五年普法规划

2011年8月2日，县司法局在金龙社区开展普法教育

“五五”普法，2006年—2010年。2006年7月20日县第十四届人大常委会第二十七次会议听取和审议县司法局“五五”普法依法治理规划安排工作情况的报告，并作出《关于开展普法依法治理工作决议》。县普法工作启动后，全县各级各部门建立普法组织，明确责任，加强县级“法律讲师团”，乡级“法律宣讲队”，村级“法律宣讲组”建设，确保层层有法律宣讲骨干。县司法局自编印制农民《常用法律法规知识解读》《瓮安县“五五”普法丛书》等六种书12万册，购买《农村适用法律知识汇编》《农民工维权手册》1万册，《贵州省法律援助条例》4000册，免费发放给普法对象。“五五”普法期间，通过开展法制宣传教育主题活动，以学法律、讲权利、讲义务、讲责任的“一学三讲”活动，以法制宣传教育进机关、进乡村、进社区、进学校、进企业、进单位的“法律六进”活动以及创新开展“法制夏令营”活动等，增强公民的法律素质，广大公民法律意识和法制观念不断增强，依法履行义务和维

护自身合法权益不断提高，基本实现由增强法律意识向提高法律素质的转变；进一步增强公职人员的法制理念；提高领导干部依法决策能力和依法行政水平；促进社会秩序的和谐稳定；创造良好的经济发展环境。2010 年 12 月通过省、州普法验收。

2011 年 12 月，县组织召开“五五”普法总结表彰会，表彰先进集体 8 个，先进个人 30 名。

六、第六个五年普法规划

2012 年，县司法局对人民调解员、普法骨干进行培训

“六五”普法，2011 年—2015 年。2011 年 9 月 20 日，县委、县政府印发《瓮安县普法依法治县工作第六个五年规划》，2012 年 5 月 20 日，县第十六届人大常委会主任会议听取和审议县司法局关于“六五”普法规划工作报告，并作出《关于进一步加强法制宣传教育的决议》。“六五”普法做到了组织健全，目标明确清晰，工作措施具体，经费有保障。“六五”普法的工作目标是：通过深入的法制教育和依法治理实践，宣传宪法，传播法律知识，满足人民群众对法律知识的新需求，提高公民的法律意识和法律素质，增强各级政府和社会组织依法治理的自觉性，提高依法治理和服务社会水平，推进社会主义法治文化建设，形成自觉学法用法的社会环境。普法对象是全县一切有接受教育能力的公民，重点是各级领导干部、公务员、青少年、企事业经营管理人员、农民、流动人口。继续深入推进“法律六进”活动，发放《常用法律法规知识解读》等普法资料 30 万余册，开展形式多样的法制教育，五年间，集

中开展法制宣传230余场，发放法制宣传资料300万余份（册），展板800块次，挂图1000余副次，布标750余幅，电视讲话20余次，出动宣传车300车次，法律知识竞赛15场次，法制文艺演出20场次。组织机关无纸化普法考试，10000多名普法对象参加考试，参学率及考试率均达100%。通过“六五”普法教育，有效推进社会治理创新；推进“平安瓮安”“法治瓮安”建设；提高领导干部依法决策能力和依法行政水平；增强公民的法律意识；助推经济社会的发展。2015年9月通过省、州验收，完成“六五”普法工作。

“六五”普法期间，瓮安县被中宣部、司法部、全国普法办授予“全国法治县（市、区）创建活动先进单位”。2016年6月，中宣部、司法部、全国普法办授予瓮安县“全国法制宣传教育先进县（2011—2015年）”。

县第八届人大常委会分别于1982年5月28日、12月28日作出《关于组织全县各族人民学习讨论〈中华人民共和国宪法修正草案〉的决议》《关于学习、宣传、执行宪法的决议》。决议认为，新宪法反映全国各族人民的意志和根本利益，是全国新的历史时期治国安邦的总章程，是各族人民、各级国家机关、群众团体、企业事业根本的活动准则，它的公布和实施，必将把中国社会主义民主和法制建设推向一个新的阶段。至1985年年底，全县各级各部门，以学习、宣传、执行宪法为核心，坚持维护宪法尊严，保证宪法实施，采取多种形式，广泛深入宣传，使新宪法家喻户晓，增强法制观念，养成人人遵守宪法，维护宪法尊严。

2010年12月1日，在县人民广场开展法制文艺演出

从1986年启动“一五”普法教育到“六五”普法教育结束，30年来，采取多形式，多渠道宣传有关法律法规180余部次；组织法律法规培训1143场次，培训各级法律宣传骨干126184人次；自编印制、购买法律丛书161140余册，印制法制宣传资料327.88万余份，免费发给全县公民学习；利用场天出动宣传车到乡镇进行法制宣传5850余次；展出法制展板、挂图8058块幅；召开普法宣传大会478场次；利用广播、电视进行法制教育193期次；文艺演出92场次，放映电影20场次。此外，推进“法律进学校”，在学校聘用法制副校长，定期或不定期对学生进行法制教育，利用新媒体建立“瓮安普法网”，印制《法治瓮安》报登载图片、信息、法律法规解答、案例等进行法律法规宣传。

第三节　依法治理

1996年1月，成立瓮安县普法依法治理领导小组办公室。县普法依法治理领导小组组成人员37人，办公室专职人员4人，乡镇、机关、企事业单位、街道和学校成立普法依法治理领导小组或办公室，全县建立普法依法治理领导机构364个，有成员720人，明确规定各级普法依法治理机构工作职责。县普法依法治理办公室拟制《全县“三五”普法依法治理五年规划》，县委转发实施，县第十一届人大常委会第二十二次会议作出《继续深入开展法治宣传教育的决议》。县普法依法治理办公室拟制了“三五”普法依法治理检查验收实施细则，做到机构健全、规划具体、检查验收有标准，为“三五”普法依法治理工作全面开展奠定了基础。

县依法治理工作从1996年“三五”普法依法治理开始，至“六五”普法依法治理过程中，普法工作和依法治理工作同步开展，主要作法是普法依法治理安排部署落到实处，做到有组织、有计划、有检查，形成齐抓共管；开展普法宣传，营造良好法制氛围，利用场天、专题活动、出动宣传车等进行法制宣传；加强法制宣传阵地建设，建立“瓮安普法网”，出版《法治瓮安》报，利用广播、电视宣传法律法规和违法违规案例；常规开展“法制进校园”和青少年法治夏令营活动，通过教育讲法，让学生参加一定的社会实践活动，通过写日记或心得体会，开阔他们的视野，增强他们的法制观念；创造性开展法律知识竞赛活动，有必答、抢答、有辩论以法说理，使参赛者更进一步明确法理；组织规模较大的干部职工学法用法考试，提高干部职工依法办事、依法管理、依法决策的能力和水平。

2013 年，青少年法制夏令营活动在清华大学合影

通过实施普法依法理规划工作，法治政府建设全面推进；司法公正得到有效维护；法制宣传教育取得显著成效；法律服务再上新台阶。普法依法治理工作坚持党委领导，人大、政协监督，“一府两院”实施，分级负责，齐抓共管；围绕县委、县政府中心工作进行，服务于改革发展稳定大局；坚持以点带面，整体推进；健全机构，完善机制，保障工作健康有序发展。

第四章　法律服务

县法律援助中心是由政府设立的法律援助机构，其职责是组织、指导和协调法律服务机构及其律师、公证员、基层法律服务工作者和持有省级人民政府司法行政部门颁发的法律援助工作者执业证的人员，为经济困难或特殊案件当事人提供免费的法律服务帮助，以保障其合法权益实现的一项法律保障制度，也是实现“法律面前人人平等”的一项法律补救制度。

第一节　法律援助

2015 年 4 月 23 日，法律援助中心接待来访群众

1988年起，区、乡镇相继建立法律服务所（1998年更名为法律事务所），法律服务工作者面向基层，面向群众开展方便、快捷、收费低廉的法律服务活动。1999年11月，县法律援助中心成立。2012年4月，县编委会明确法律援助中心为司法局下属的事业单位。10余年的开拓进取，法律援助工作队伍不断壮大，至2015年有专职法律服务工作者4名，兼职法律服务工作者31名，在全县13个乡镇（街道办事处）、妇联、法院、仲裁委、看守所、监狱、武警中队等单位设立法律服务工作站，总数达26个，在98村（居）社区设立法律援助联络点（公共法律服务室），聘请140名法律服务联络员。

2009年，率先在全国、全省设立“100万元法律援助基金”，旨在引导群众依法理性的表达诉求，维护自己的合法权益，解决群众打官司难、信访不信法的问题，为做好法律援助工提供经费和法律援助保障。2011年5月开始实行“点援制”，将公职律师、公证员、法律服务工作者的资料公示在墙上，方便受援人选择自己信得过的律师和法律援助工作者办理案件。2015年3月抽调责任心强的5名法律援助工作者组建法律援助办案团队，明确办案团队成员工作职责，每人每年办理案件不少于50件，实行统一受案，轮流办理。法律服务不断发展，服务观念不断转变，服务意识不断提高，服务方式不断创新扩展，服务业务从内地向省外延伸，沿海发展。办案数量逐年增加，办案质量不断提高，发挥服务基层、服务千家万户的法律保障职能作用。

法律援助工作全面铺开，县司法局为4个乡镇法律事务所购置警车4辆，为法律援助工作者提高办案速度和办案质量提供交通工具的保障。原持有法律服务工作者证人员，不再向社会实行有偿法律服务，换领“法律援助工作者”执业证从事法律援助工作业务，接受援助中心指派，办理法律援助案件。法律援助中心主要为困难弱势群体提供无偿法律服务，是一项德政工程、民心工程。中心自成立后办理法律援助案件3568件。全县法律援助工作站38个，聘请法律援助联络员140人。实行由援助中心受理案件，由受援人自主选择案件承办人员“点援制”的法律援助方式进行法律援助。至2012年，发放司法救助金计94万余元。是年，县法律援助中心被司法部授予“第四届全国法律援助工作先进单位”。

表 4-1　　　　2001 年—2015 年法律援助工作情况统计表

年度	援助案件（件）	承办单位	结案时间
2001	16	县法律援助中心	2001 年 12 月
2002	28	县法律援助中心	2002 年 12 月
2003	34	县法律援助中心	2003 年 12 月
2004	47	县法律援助中心	2004 年 12 月
2005	52	县法律援助中心	2005 年 12 月
2006	73	县法律援助中心	2006 年 12 月
2007	93	县法律援助中心	2007 年 12 月
2008	121	县法律援助中心	2008 年 12 月
2009	202	县法律援助中心	2009 年 12 月
2010	273	县法律援助中心	2010 年 12 月
2011	401	县法律援助中心	2011 年 12 月
2012	510	县法律援助中心	2012 年 12 月
2013	518	县法律援助中心	2013 年 12 月
2014	621	县法律援助中心	2014 年 12 月
2015	781	县法律援助中心	2015 年 12 月
合计	3568		

第二节　“12348”专线法律服务

1999 年 8 月，成立“148”法律服务指挥中心，1 名副局长兼任指挥中心指挥长，启用“148”法律服务专线电话。2002 年，调整“148”指挥中心组成人员，制定完善各项机制，完成“148”改为“12348”法律服务专用电话工作，使法律服务专用电话进入规范化管理。“12348”法律咨询专用电话面向广大人民群众，它接受解答群众的法律咨询，指导和接受法律援助申请，维护困难和弱势当事人的合法权益，维护司法公正，维护社会稳定。“12348”法律服务专用电话，是司法行政部门运用特定的电话专线，统一组织律师、公证员、基层法律服务人员和乡镇司法所工作人员，向群众和社会组织，提供便捷、高效的法律咨询和法律服务的一种形式。县法律服务咨询专线开通后，实行定时定人轮流值班制度，开展法律咨询、法律顾问、诉讼代理、调解纠纷等法律服务。从开通法律服务专线电话至2006年，共接咨询电话4400余人次，涉及林、水纠纷，婚姻、赔偿、债务、家庭、交通事故等纠纷，对咨询人从法律角度进行解说、调解，需从诉讼解决的，建议咨询人通过诉讼解决。2000年，法律服务咨询专线接到一个在外打工女之父声称，其女在浙江打工遭遇车祸，请求法律援助，指挥中心立即派员到浙江帮助处理，为打工女索赔医疗费等赔偿金96000元，依法维护其合法权益。2006年以后，“12348”法律服务咨询和法律援助中心整合，实行轮流值班，对来电来访人员的基本情况，来电来访内容及答复意见进行如实登记。

第三节　“1+1”中国法律援助志愿者行动在瓮安

从2009年7月起，司法部、共青团中央发起，中国法律援助基金会会同有关部门开展了“1+1”中国法律援助志愿者行动（简称“1+1”行动），目的是为无律师县及律师资源严重紧缺的县派遣律师志愿者和大学生志愿者，提供为期一年的法律援助志愿者服务。瓮安县仅有执业律师4人，属于律师人才资源紧缺县。2013年7月起，连续四年获得司法部、共青团中央派遣的“1+1”中国法律援助志愿者律师4名和大学生2名，他们以无私奉献的精神，积极开展法律援助服务，为有效化解社会矛盾，实现司法公正，广泛宣传社会主义法治理念，培育当地法律援助人才，服务当地经济和社会发展，维护社会和谐稳定做出积极贡献。2013年7月开始，他们共接待群众法律咨询4000余人次，代写法律文书500余份，办理法律援助案件300余件，为困难群众挽回经济损失460余万元，节约代理费90余万元，他们耐心解答咨询，认真办理案件，同时还参与县信访、重大疑难案件的研判处理，发挥了志愿者律师“传、帮、带”作用，毫无保留传授办案经验，他们用自己的实际行动赢得县委、县政府、县司法局及广大人民群众、受援群众的好评，获得受援群众赠送的锦旗6面，其中张晶律师、卢建辉律师获得2014年度和2015年度“1+1”中国法律援助志愿者行动优秀律师称号，县司法局2014年、2015、2016年度连续获“1+1”中国法律援助志愿者行动先进单位。

表4-2

“1+1”瓮安县中国法律援助志愿者律师、大学生基本情况表

姓名	性别	派出地	服务年限	办案情况	获表彰情况
张晶	女	广东省	2013.7—2014.7	42件	获2014年度司法部表彰的“‘1+1’中国法律援助志愿者行动优秀律师”
郑朗生	男	湖北省	2014.7—2015.7	23件	
卢建辉	男	广西壮族自治区	2015.7—2016.7	47件	获2013年度司法部表彰的“‘1+1’中国法律援助志愿者行动优秀律师”
陈安财	男	贵州省	2015.7—	41件	

第四节　律师工作

1980 年 11 月，县司法局成立后，设法律顾问处、公证处。1990 年 8 月，法律顾问处更名为律师事务所，1993 年工资改革时改为事业单位，1996 年 8 月律师事务所更名为江桥律师事务所，2015 年有执业律师 4 人。1999 年 5 月，律师事务所实行差额补贴管理，2000 年与财政脱钩，自收自支，自负盈亏，2011 年，恢复财政全额拨款。

律师事务所秉承“服务、高效、诚信”的原则，为当事人提供法律服务，接受国家机关、公民、法人和其他社会组织的聘请，担任法律顾问；接受民事、行政案件当事人委托，担任代理人，参加诉讼；代理各类诉讼案件的申诉；接受当事人的委托，参加调解、仲裁活动；接受非诉讼法律事务当事人委托，提供法律服务；解答法律咨询，代写诉讼文书、合同和其他有关法律文书；对符合法律条件的当事人提供法律援助等。律师队伍的政治素质、业务素质、法律服务水平不断提高，办案质量显著提升。从 1981 年起，逐渐开展律师事务，至 1987 年年末，律师和法律工作者办理刑事辩护案 124 件，民事代理诉讼案 17 件，承担法律顾问 5 家，代写法律文书 171 件，非诉讼调解 29 件，法律咨询 915 人次，接待来访群众 1923 人次，业务收费 10673 元。1988 年，担任县妇联、西坡林场、玉山采矿厂法律顾问。为西坡林场审订总值 23 万元的购销合同，制止与“皮包公司”签约 1 件，挽回经济损失 3 万元。担任 4 件经济合同纠纷案诉讼代理人，为当事人挽回经济损失 6 万元。1988 年至 1990 年，共办理刑事辩护案 141 件，民事代理诉讼案 89 件，承担机关、企事业单位法律顾问 18 家，代写法律文书 347 件，非诉讼调解 11 件，避免损失 12 万元，接待群众来信来访 3346 人次，法律咨询 801 人次，业务收费 27777 元。1991 年至 2000 年，办理刑事辩护案 240 件，民事代理诉讼案 389 件，担任法律顾问 18 家，接待法律咨询 9500 人次，业务收费 12. 65 万元。2001 年至 2005 年，办理刑事辩护案 145 件，民事代理诉讼案 532 件，担任法律顾问 13 家，接待法律咨询 14480 人次，业务收费 26. 6 万元。2006 年至 2010 年，办理刑事辩护案150件，民事代理诉讼案560件，担任法律顾问13家，接待法律咨询7652人次，业务收费60.3万元。2011年至2015年，办理刑事辩护案134件，民事代理诉讼案572件，担任法律顾问13家，接待法律咨询18960人次，业务收费92.7万元。律师在办理刑事辩护案过程中，严肃认真，以事实为依据，以法律为准绳。如在接受永和嫌疑人田某亲属委托，为田某涉嫌强奸一案参与辩护，律师在参与辩护过程中，进行调查取证，发现该案事实存在很多疑点，侦查人员与“被害人”是直系亲属等，经过走访调查“被害人”村邻，反映“被害人”是同另一名男青年出走的，经多方联系，女青年是和另一男青年外出打工，并未遭受田某强奸。律师为田某作无罪辩护获得成功，田某被关押两百余天得到国家赔偿，侦查人员王某被追究刑事责任。

律师在为县招商引资民营企业金正大公司担任法律顾问期间，通过协调及诉讼等方式，为其妥善处理了涉案数千万元的基建工程纠纷，为企业挽回了经济损失，该所律师为县政府及相关部门担任法律顾问，参与拟定、审查其规范性文件100余份，使该部分规范性文件的合法性得到保障。此外，律师事务所律师还参与县政府处理涉法涉诉案件，处理城镇建设重大纠纷事件，到扶贫点开展捐资助学，送法律进监狱，提出法律咨询，受理法律援助案件等。

2010年10月9日，江桥律师事务所慰问贫困学生

30多年来，律师事务所累计办理刑事辩护案件934件，民事代理诉讼案2159件，接待法律咨询57792人次，受理法律援助案件544件，业务收费196.55万元。

表 4-3　　　　1982 年—2015 年瓮安县律师工作基本情况表

年度	刑事辩护（件）	民事代理（件）	法律顾问（家）	法律咨询（人次）	法律援助（件）	业务收费（万元）
1982—1987 年	124	17	5	915	—	1.06
1988—1990 年	141	89	18	801	—	2.77
1991—2000 年	240	389	18	9500	180	12.65
2001—2005 年	145	532	13	14480	107	26.6
2006—2010 年	150	560	13	7652	119	60.3
2011—2015 年	134	572	13	18960	138	92.7
合计	934	2159	80	57792	544	196.55

第五节　公证工作

公证处从 1981 年起开办公证业务，印发公证法律宣传资料进行宣传，拓展业务，逐步开展财产继承、确认产权、收养、遗嘱、房屋买卖、经济合同、定向招生等公证业务，并延伸到农业生产、荒山承包、房屋租赁、有奖销售、烤烟生产及购销合同等公证。

2010 年 8 月 13 日，公证处开展公证宣传

至1990年，共办理各类公证5745件（民事383件，经济合同4757件，荒山承包合同80件，贷款400件，其他125件），共收公证费41788元。其中现场监督农业银行有奖储蓄摇奖，储蓄额50万元；纺织品公司、百货公司有奖销售摇奖3次，商品销售额150万元。1988年办理租赁承包合同公证和烤烟生产购销合同公证2653件，收公证费10657元。1986年、1988年被评为州级先进单位，1990年获全州检查评比“质量第一”奖。1992年，受理公证事项197件，办结197件，其中民事公证20件，经济公证177件，涉及金额118万元，其中联营56万元，贷款62万元，收取公证费2400元。接待来访389人次，提出司法建议2件，被采纳2件。1993年，共办理各类公证事项2094件，其中民事公证41件，经济公证2053件；社会经济效益1256万元；业务收费3386元，接待群众咨询827人次，受委托调查9件，回访公证14件，调解纠纷7起，县局撤销1989年的主体不合法公证1件，提高了公证的信誉和效率。1994年，共办理各类公证事项790件，其中民事公证725件，经济公证65件；业务收费9290元；接待群众咨询909人次，处理信访13件。1995年，共办理各类公证事项192件。其中民事公证29件，经济公证163件；业务收费7332元；接受外地委托取证4起，接待群众来访680人次。1996年，共办理各类公证事项578件，其中民事公证19件，经济公证559件；业务收费8446元；接待群众来访4000余人次。1997年，共办理各类公证事项2709件，业务收费32650元；承担常年公证顾问8家，接待群众来访6000余人次；避免经济损失160余万元。1998年，共办理各类公证事项33688件，超州下达指标300件任务的112.3倍。其中：烤烟产购合同公证32048件，房改公证1375件，房屋拆迁合同，房屋安置补偿合同148件，其他经济类公证22件，民事类公证95件，收取公证费57489元。公证量和业务创收是十年来最好的一年。2008年办理各类公证案件232件，2009年办理182件，2011年办理238件。2011年11月，公证处搬至县行政服务中心，实行集中办公，2012年，受理公证事项379件，办结379件。其中：经济类公证土地挂牌出让现场公证110件，土地出让金逾7亿元；民事类公证办理赠予公证40件，声明书41件，委托书141件，亲属关系3件，继承权42件，民事协议2件。接待当事人来电咨询及来访800余人次。开展公证上门服务7次，其中到监狱3次，看守所1次，戒毒所1次，乡镇2次。2013年至2015年办理各类公证1778件，其中民事类1773件，经济类5件。根据《公证条例》，开展各项公证业务，能帮助公民、法人和其他组织正确处理财产、人身关系，预防纠纷，减少诉讼等。

第六节　基层法律服务

1988年前，法律服务工作由法律顾问处（律师事务所）律师行使。1988年4月起，区、乡、镇相继建立法律服务所（1998年2月更名为法律事务所），县司法局派出司法助理员，由司法助理员兼任法律事务所主任。1992年8月起，实行司法助理员岗位津贴，标准按每人每天0.6元执行，2010年1月调整司法助理员岗位津贴，岗位津贴标准（按在岗工作年限，10年及以下每人每月150元，10年以上的在岗工作年限每增加1年，月津贴标准增加10元，最多不超过300元）。司法助理员工作面向基层，面向群众，主要从事法律咨询，代写法律文书，协办公证、见证、诉讼代理、法律顾问、纠纷调解等法律服务。法律服务工作者不断提高服务意识，转变服务观念，法律服务不断扩展，办案数量逐年增加，质量不断提高，发挥并保障法律服务基层的职能。截至2015年年底，有基层法律事务所13个，工作人员31人。

表4-4　　1988年—2000年基层法律服务统计表

年度	法律咨询（人次）	代写法律文书（件）	协办公证见证（件）	法律顾问（家）	非诉、民事、代理（件）	业务收费（元）
1988	537	30	2565	1	10	2966
1989	1657	113	40	3	—	7185
1990	2940	202	40	15	55	7834
1991	1800	406	19	18	45	10717
1992	2115	415	46	13	48	12316
1993	4518	266	38	4	176	15395

续表

年度	法律咨询（人次）	代写法律文书（件）	协办公证见证（件）	法律顾问（家）	非诉、民事、代理（件）	业务收费（元）
1994	1965	212	14	4	71	—
1995	1571	166	12	5	72	—
1996	1000	235	8	26	141	—
1997	870	178	11	25	169	30890
1998	10042	335	1235	29	269	58600
1999	1804	242	36	23	253	43600
2000	1572	162	11	22	198	4064

第五章 基层工作

基层司法行政工作以人民调解为主，开展法律服务，全县法律服务执业人员（律师除外）的年检注册，负责全县“两劳人员”的刑释解教与安置帮教和社区矫正人员的日常监管等工作。

第一节 人民调解

中华人民共和国成立初期，县内各乡、镇、村农民协会设调解员调解民间纠纷。1954 年，贯彻政务院《人民调解委员会暂行组织通则》乡镇建立调解委员会，调解一般民事纠纷，并通过调解工作进行政策法规宣传，1958 年调解委员会更名为调处委员会。“文化大革命”前期，调解组织一度被取消。1970 年，恢复调解组织，公社、生产大队建立调解委员会或调解领导小组，对一般民事纠纷和轻微违法行为进行调解，并根据不同情况，责成当事人书面认错、赔礼道歉、赔偿损失等等。调解错的由法院纠正。县司法局成立后，从 1981 年起，调解工作由司法局管理，每年对公社（乡）、大队（村）调解工作人员进行培训，适时调整、增设人民调解委员会。

县司法局组织领导人民调解工作。人民调解是基层司法行政工作的一项重要内容。20 世纪 80 年代开始，县人民调解工作抓住时代主题，围绕维护社会稳定主线，创新发展人民调解工作领域。人民调解的及时、高效，经济的功效，独特的教育、防范、化解功能得到充分发挥，成为化解社会矛盾、构筑和谐稳定的第一道防线。司法所承担乡镇人民调解的指导工作和基层政府中的重大疑难矛盾纠纷的排查化解工作。司法所在乡镇采取以会代训等方式开展人民调解员培训工作，在调解方法、调解文书规范化制作、调解档案建立归档方面提高调解员素质和调解能力。调整、充实、完善人民调解员队伍，建立人民调解网络机制，建立乡镇、村、组调解员网络，开创形式多样的调解机构运作方式，建立乡镇、村、警民、干群、村民联调室，共同化解矛盾纠纷。到 1990 年末，全县 47 个乡（镇）247 个村 18 个街道均建立调解委员会，生产队（村民组）设调解员。各级调解组织共调解民事纠纷 30640 件。其中：婚姻家庭纠纷 1393 件，财产继承纠纷 1485 件，赡养、抚养纠纷 1935 件，人身伤害赔偿纠纷 2911 件，房屋宅基地纠纷 7581 件，田土、山林、水利、牲畜、农具等 13437 件，债务 1898 件。调解总成功率为 94.6%。防止矛盾纠纷激化 88 起，防止非正常死亡 34 人，协助有关部门帮教失足青少年 5000 余人，建文明村寨（街道）386 个，“五好家庭”20557 户，各区镇司法办公室共调解各类纠纷 7350 件，受理纠纷 3920 件，处理纠纷 3464 件。

1991 年，全县乡镇行政区划调整，进行建镇并乡撤区。为适应“建并撤”工作需要，相应对调解组织进行整顿健全。全县建立调解委员会 270 个。其中：村调解委员会 247 个，居委会调解委员会 14 个，企业调解委员会 9 个；共有人民调解员 1056 人，其中：村调解员 741 人，居委会调解员 48 人，企业调解员 30 人，其他调解员 237 人。有一类调解组织 104 个，二类调解组织 148 个，三类调解组织 18 个。此后，结合各乡镇调解工作情况，调整、充实调解组织和调解员，1994 年，充实建立调解委员会 275 个，有人民调解员 3591 人，建立联防调解组 21 个。从 1991 年起至 2002 年，全县共调解各类纠纷 39520 件，调解成功 37399 件，调解成功率 94.6%，防止纠纷激化 2132 起。2003 年至 2005 年，建立相邻县市乡镇调解委员会 3 个，召开联席会 2 次，化解发生在毗邻地区的山林、土地、水事等争议纠纷。2009 年至 2011 年，通过以奖代补方式实行个案补贴，各基层调解委员会共受理调解各类纠纷 7653 件，调解成功率达 97%。2010 年，成立县道路交通事故民事损害赔偿人民调解委员会。2011 年，县道路交通事故民事损害赔偿人民调解委员会，共调解纠纷 413 件（死亡赔偿案件 29 件、29 人），成功率 100%，履行率 100%，涉及人数 996 人，涉及金额 1132 万余元。2012 年 2 月，与县检察院联合制定《关于建立检调对接工作实施办法》，5 月成立县法律援助中心人民调解委员会。7 月，投入经费 4 万余元对全县村级调委会主任、调解员进行培训，11 月，成立县医疗纠纷人民调解委员会，共受理医患纠纷4件，调解成功3件，至12月调解刑事附带民事案件6件。2012年全县各级调解组织共受理调解各类矛盾纠纷4233件，调解成功4161件，涉及人数16000余人，防止民间纠纷转化为刑事案件17件，避免和劝解民间纠纷引起群体性上访38件。2013年，全县各级调解组织受理调处各类矛盾纠纷4185件，调解成功4130件，涉及人数16504人，涉及金额6986.84余万元。发放人民调解补贴案件1443件，金额16.66余万元。是年10月，成立县消费者协会调解委员会。2014年，全县各级调解组织受理调处各类矛盾纠纷4857件，调解成功4813件，涉及人数17496人，涉及金额8027万元，防止民间纠纷转化为刑事案件24件244人，防止群体性上访案件26件519人。是年，受理道路交通事故赔偿、医患矛盾纠纷调处案件753件，其中：道路交通事故纠纷731件，调解成功731件；医患纠纷22件，调解成功22件，患方诉求赔付金额453.5万元，实际赔付144.58万元。县道路交通事故损害赔偿人民调解委员会在全省交通工作会议上作经验交发言，县人民政府在全州医疗纠纷人民调解工作推进会上，作为唯一一个县在会上作了经验交流发言。发放人民调解补贴案件1638件，金额17万元。2015年，全县建立村居委人民调解委员会150个，行业人民调解委员会2个，专业人民调解委员会2个，调解员829名。全年各级调解组织共受理调处各类矛盾纠纷5419件，调解成功5407件，其中：交调委调解1007件，医调委调解17件，物调委调解19件，消费者调解委员会调解26件。涉及人数16572人，涉及金额6197.7万余元，防止民间纠纷转化为刑事案件23件234人，防止群体性事件35起1292人。是年，3月27日成立的县物业纠纷人民调解委员会，成功调解纠纷19件，涉及139人，金额111.7万元。

人民调解工作，坚持“调防结合，以防为主，协调作战”的宗旨，发挥教育、防范、化解的理念，发挥及时、便捷、高效、经济的功效，有效调解大量的矛盾纠纷，防止纠纷激化，维护社会的和谐稳定。30多年来，人民调解队伍中有多个单位和个人得到部、省、州、县表彰的优秀人民调解委员会、全国人民调解能手、全省人民调解能手、模范人民调解员荣誉。

第二节 安置帮教

1999年，设立“两劳人员”刑释解教安置办公室，具体工作由县司法局基层科负责，乡镇司法所设刑释解教人员安置帮教接待站。2006年起，大部分乡镇修建司法所办公用房，配置自动化办公设备，部分司法所配备交通工具，开始开展安置帮教业务。2009年，中央政法委提出“社会矛盾化解，社会管理创新，公正廉洁执法”三项重点工作要求，对基层司法行政工作提出新要求、新课题。县司法局结合全县实际情况，建立和完善安置帮教工作各项规章制度。刑释安置帮教工作由乡镇司法所牵头，联合派出所、综治办对辖区刑满释放、解除劳动教养、解除强制隔离戒毒人员开展安置帮教工作。2010年，省委、省政府对安置帮教工作高度重视，省综治委发文，要求各县对辖区刑释解教人员进行大摸底、大排查并切实开展安置帮教，县司法局组织在全县开展大摸底、大排查、大走访活动。2011年3月10日，省司法厅厅长刘伟到瓮安调研基层司法行政工作，作《充分发挥司法行政工作服务性、基础性、预防性作用》的讲话，并对瓮安基层司法行政工作情况予以肯定。11月18日，全省社会管理创新工作现场会在瓮安召开，省司法厅厅长刘伟出席会议并到县司法局、永和司法所、银盏司法所调研、检查、指导安置帮教工作。县司法局采取措施，加强信息化，网络化管理，加大投入，改善办公条件，改进司法行政工作业务考核办法，促进安置帮教工作规范化发展。各司法所实现“三落

2012年9月，瓮安县安置帮教就业基地剪彩仪式现场

实”，即落实帮教人员、帮教对象、帮教措施；“四清”，即帮教对象底数清、情况清、思想表现清、工作去向清；“五制度”即衔接制度、档案登记制度、谈心帮教制度、学习教育制度、回访制度。2009 年至 2011 年，共接受刑释解教人员 1339 人，安置帮教率 100%，重新犯罪率为零。县司法局与有关部门密切配合、引导、扶持、促进对“两劳人员”的帮助教育。2012 年 9 月，成立县第二个安置帮教基地——钰盛塑料编织袋有限公司，该安置帮教基地的成立，能过渡性安置接纳刑释解教人员百余人。2012 年安置刑释解教人员 32 人。建立安置帮教基地，能促进就业安置帮教工作的落实，有效减少重新犯罪，维护社会和谐稳定。是年，在册 3 年内刑释解教人员 1169 人，其中在家 382 人，外出务工 787 人。新接收刑释解教人员 269 人，帮教率、安置率 100%，重新犯罪率低于 3%。接收刑释解教人员信函 316 件，在中央综治委刑释解教系统签收 407 条，在省司法行政专网系统签收 583 条，核实 583 条，累计建立工作档案 1201 个。

2013 年，县司法局作出《2013 年刑释解教人员安置帮教工作安排意见》，通过中央综治委检查组和国家发改委负责人对基地的实地考察，完成中央综治委刑释解教信息系统季度报表的收集和报送工作。是年，全县有在册刑释解教人员 1154 人，其中在家 558 人，外出务工 596 人，无缝对接接回刑释解教人员 67 人。衔接安置帮教对象 280 人，其中重点帮教对象 88 人，一般帮教对象 192 人。安置帮教人数 280 人，帮教率 100%。全年共接收刑释解教人员信函 464 件。

2014 年，省综治委出台《关于进一步规范刑释解戒人员出监（所）必接工作制度，切实提高必接率的通知》，要求各县对“三无”“三假”、黑恶团伙、累犯、严重暴力犯罪、邪教、危害国家安全以及有重新违法犯罪倾向的人员进行无缝对接衔接，接回后立即与其帮教谈话，了解其思想状态、生活状况等基本情况，建档立卡，落实帮教措施，切实进行帮教。2014 年，协助无缝对接接回刑释解教人员 110 人，全县摸底排查出刑释解教人员 998 人，全部建立一人一档。其中在家 384 人，刑满释放人员 710 人，解除劳教 51 人，社区矫正转入安置帮教 237 人。2014 年前三季度衔接安置帮教对象 455 人，其中重点帮教对象 102 人，一般帮教对象 353 人，安置 443 人，安置率为 97%，帮教率为 100%。接收刑释解教人员信函 444 件。

2015年全县在册刑释解教人员1192人，其中在家559人。刑释人员737人，解除劳教35人，社区矫正转入安置帮教420人。协助无缝对接接回刑释解教人员98人。

第三节　社区矫正

2010年12月，启动社区矫正工作，全县23个乡镇建立社区矫正委员会及办公室。2011年3月，县司法局建立社区矫正工作管理科，负责指导全县社区矫正工作。5月，公开招考5名社会公益性岗位人员到雍阳、猴场、银盏司法所开展社区矫正工作。8月，启动社区矫正审前调查工作，至12月底共接受矫正人员183人（缓刑167人、管制2人、假释14人），开展审前调查53人。

县社区矫正工作在县委、县政府的领导和上级主管部门指导下，以降低社区服刑人员重新犯罪率为工作的首要标准和努力方向，以强化工作保障、规范工作程序、创新工作方式为抓手，全面推动社区矫正工作扎实开展，县社区矫正工作委员会2012年3月22日作出社区矫正工作实施意见，提出社区矫正工作，一是强化组织领导，明确部门职责，确保各项工作顺利实施；二是加强规范化、制度化建设，确保社区矫正工作扎实开展；三是加大培训力度，提高社区矫正工作人员业务水平；四是进一步拓展社区矫正工作，努力推进社会管理创新。2012年，县司法局社区矫正工作管理科指导乡镇司法所建立一人一档，完善工作台账，对社区矫正人员进行监督管理和矫正。按照《社区矫正实施办法》规定，开展审前调查210人次，调查意见被法院采纳98%。对已明确调查内容及对象人员实行家属签订社区矫正保证书，共签订家属保证书210份。11月，在瓮安监狱、县政法委聘请7名社区矫正心理咨询师，并组织其参加社区矫正活动，对社区矫正人员进行心理辅导。新增社区矫正人员189人，累计接收社区矫正人员342人，解除矫正88人，实有在册矫正人员254人（管制2人、剥夺政治权利10人、缓刑185人，假释52人、暂予监外执行5人）。组织全县社区矫正人员集中教育180人次，个别谈话教育176人次，进行心理矫治93人次，组织社区服务144人次，组织公益劳动200人次。

2013 年，全县累计接收社区服刑人员 560 人，解除矫正 224 人（其中回归社会 219 人，收监执行 1 人，死亡 1 人，重新违法犯罪 3 人，重新犯罪率为 0.53%），实有在册社区服刑人员 336 人（男性 308 人，女性 28 人），其中管制 1 人，缓刑 264 人，假释 64 人，暂予监外执行 7 人。2013 年，对 150 名拟被判缓刑（假释暂予监外执行）的被告人（罪犯）的基本情况进行了审前调查，与上年同期比较下降 14.77%，新增社区矫正人员 190 人，与上年同期比较增加 15.85%。2013 年，对社区矫正工作的开展，健全完善领导体系，不断壮大工作队伍；切实加强机制建设，规范化水平得到提升；管理创新，因人施“矫”，确保社区矫正成效稳步提升；重视宣传，扩大社区矫正工作知晓率。

2014 年，全县累计接收社区服刑人员 786 人，解除矫正 452 人，实有在矫人数 334 人，其中新增社区服刑人员 187 人（缓刑 166 人，假释 18 人，保外就医 3 人，收到法院、监狱等单位委托调查函 199 份，均形成调查评估报告反馈委托单位。社区矫正工作依法有序开展。实行技防，加强社区矫正监管工作；部门配合，推进社区矫正工作有序开展；加强社区矫正工作检查指导；帮扶就业，探索帮困扶助新举措；规范管理，提高社区矫正工作质量。

2015 年，累计接纳社区服刑人员 1025 人，解除矫正 739 人，实有在矫人数 286 人，新增社区服刑人员 211 人（缓刑 172 人，假释 35 人，保外就医 4 人），收到法院、监狱等单位委托调查函 277 份，均形成调查评估报告反馈委托单位。一年来，坚持开展社区矫正社会审前评估，规范接收社区服刑人员，强化对社区服刑人员监督管理，加强信息化建设，制定《瓮安县关于进一步加强社区矫正工作的实施意见》。

第六章 设备与经费

第一节 设 备

一、基础设施

县司法局成立初期，办公用房由政府指定调整在县检、法办公大楼，临时安排四间办公室。1988 年，公证处、法律顾问处升格为副局级单位，1989 年，局机关下设办公室，宣传教育科、基层工作科。人员逐步增加。从检、法办公大楼逐渐调整 20 余间办公室给司法局。2014 年 11 月，县司法局整体搬迁至县群众工作中心办公大楼，分配大小办公室 23 间，面积约 700 余平方米。其中：法律援助中心办事大厅约 40 余平方米，档案室 2 间，党组会议室 1 间，调解接待室 1 间，储藏室 2 间，办公室共 16 间（含江桥律师事务所 3 间）。乡镇司法所办公楼建设，共投资 192.68 万元（含征地补偿），其中县政府匹配 66.8 万元，上级投入资金 125.88 万元，总建筑面积 3520.64 平方米。2013 年 6 月 24 日，根据省人民政府同意瓮安县部分乡镇行政区域调整的批复，由原来 21 个乡镇调整为 13 个乡镇，21 个司法所调整为 13 个司法所。各司法所办公楼建设情况为：瓮水司法所 141 平方米，雍阳司法所 160 平方米，银盏司法所 120 平方米，平定营司法所 138 平方米，建中司法所 120 平方米，中坪司法所 120 平方米，永和司法所 120 平方米，天文司法所 400 平方米，江界河司法所 160 平方米，珠藏司法所 148 平方米，猴场司法所 230 平方米，玉山司法所 120 平方米，岚关司法所 120 平方米。已撤并的 8 个乡司法所办公楼部分闲置，有的已被撤除。

二、装备配置

县司法局成立后，于1983年初购置万山牌汽车1辆作法制宣传车。1998年购置双环牌宣传车1辆。2006年，县政府统一招标采购，逐步给县司法局配置办公车辆。2006年6月，配置猎豹牌6481越野车1辆，北斗山监狱使用，购置别克牌凯越轿车1辆；2006年10月购置江铃牌越野车1辆；2010年8月，购置本田牌思威越野车1辆；2011年2月，购置大众牌捷达轿车3辆，分别是猴场司法所、瓮水司法所、永和司法所使用。装备电脑78台（含司法所）、打印机33台（含司法所）、复印机2台、速印机1台、照相机21台（含司法所）、摄像机2台、办公室电话8部。县司法局各办公室、乡镇司法所均配备办公桌、凳、沙发、茶几、档案文柜等，达到规范化标准。

第二节　财务与经费

县司法局成立后，人员工资和业务经费由县财政按预算拨付，财务独立核算。人员工资、业务经费据实按情况增减拨付。2006年起，司法支出447950元，其中人员经费380902元（含住房补贴11230元），办公费67050元（含交通费5000元，业务费9500元，普法经费45000元，法律援助经费8000元）。

2007年，司法支出，人员经费555664元（含住房增量补贴），公用经费90940元［含人均办公费17940元，特殊办公费65000元（其中普法经费45000元，法律援助经费10000元，人民调解工作经费10000元），机车燃料费8000元］。

2008年，司法支出1042407元，人员经费908687元（含住房增量补贴），公用经费133720元（办公经费23100元，业务费76500元〈含“五五”普法经费47000元，法律援助经费15000元〉，机车燃料费10000元，通讯费24120元）。

2009年，司法支出1833111元，其中人员经费1337351元（含住房公积金32256元，住房增量补贴125686元），公用经费495760元（含人均办公经费152000元，机车燃料费20000元，通讯费31560元，“五五”普法经费141000

元，人民调解经费83100元，刑释解教人员安置帮教经费68100元）。

2010年，司法支出3156369元，其中人员经费支出1431051元，工资性支出880536元，增量补贴116082元，离退休支出391969元，住房公积金42464元，商品和服务支出372218元，行政事业性项目支出1353100元，社区矫正费50000元，普法经费150000元，刑释安置帮教经费支出86100元，人民调解经费支出70000元，法律援助资金700000元，法律援助基金300000元。

2011年，司法支出4793080元，人员支出1881169元（工资性支出992169元，社会保障缴费61819元，年终一次性奖金34960元，离退休支出388609元，抚恤和生活补助8360元，住房公积金119063元，增量补贴276161元），商品和服务支出377311元，行政事业性项目支出2534600元（安置帮教及人民调解经费155000元，社区矫正费198000元，普法经费282000元，干部学法用法普法考试培训费240000元，行业人民调解委员会工作经费支出219600元，法律援助救助基金1000000元，其他司法支出440000元）。

2012年，司法支出5569694元，其中人员支出2221259元（工资性支出1222572元，社会保障缴费87934元，年终一次性奖金45054元，离退休支出382230元，抚恤和生活补助15800元，住房公积金146709元，增量补贴320960元），商品和服务支出473835元，行政事业性项目支出2874600元（社区矫正198000元，普法宣传282000元，安置帮教及人民调解经费155000元，干部学法用法考试培训费240000元，公证费120000元，其他司法支出510000元，法律援助救助基金1000000元，行业人民调解委员会工作经费219600元，青少年法制宣传夏令营活动经费150000元），公证会费基金152000元。

2013年，司法支出7165610元，其中人员支出3405491元（工资性支出1831308元，社会保障缴费95891元，年终一次性奖金49059元，离退休支出532836元，抚恤和生活补助9840元，住房公积金215595元，增量补贴670962元），商品和服务支出915418元，行政事业性项目支出2844700元（行业人民调解委员会工作经费219600元，干部学法用法考试培训费100000元，安置帮教及人民调解经费111000元，其他司法支出510000元，社区矫正98000元，公证费120000元，法律援助救助基金1000000元，普法宣传182000元，医疗纠纷人民调解委员会经费354100元，青少年法制宣传夏令营活动经费150000元）。

2014年，司法支出7181603元，其中人员支出4296016元（工资性支出240830元，社会保障缴费179172元，年终一次奖金62482元，离退休支出536248元，抚恤和生活补助9840元，住房公积金283395元，增量补贴816575元），商品和服务支出112107元，行政事业性项目支出1758480元（医疗纠纷人民调解委员会经费154000，安置帮教及人民调解经费168800元，社区矫正198400元，行业人民调解委员会工作经费175680元，青少年法制宣传夏令营活动经费150000元，普法宣传305600元，公证费96000元，其他司法支出510000元）。

2015年，司法支出7998550元，其中人员支出5363382元（工资性支出2918064元，社会保障缴费372734元，年终一次性奖金66647元，离退休支出616352元，抚恤和生活补助9840元，住房公积金318661元，增量补贴1061084元），商品和服务支出1156368元，行政事业性项目支出1478800元（社区矫正160000元，安置帮教及人民调解经费168800元，普法宣传350000元，公证费90000元，其他司法支出450000元，医疗纠纷人民调解委员会经费50000元，青少年法制宣传夏令营活动经费150000元，行业人民调解委员会工作经费60000元）。

江桥律师事务所人员工资在1999年试行半脱钩改革，实行差额补贴，财政补贴50%的工资，其他待遇不变，次年与财政全部脱钩，实行自收自支。2011年恢复财政全额拨款，纳入县事业单位管理。

第七章　人　物

第一节　传　略

马生荣　男，汉族，1934 年 7 月出生，贵州瓮安人，初中文化，1950 年 7 月参加工作，中共党员。

1950 年参加工作后分配到县公安局工作，1968 年在县委组织部工作，后调城关公社任党委书记，雍阳区委副书记。1980 年 10 月抽调筹建县司法局，1980 年 11 月任县司法局副局长，1989 年 12 月退休。

马生荣出身贫苦家庭，家境贫寒，他深感中国共产党的伟大和人民当家做主的幸福，决心跟党走，参加工作后，工作任劳任怨，从不叫苦。在城关公社和雍阳区委任职时期，经常深入基层和群众打成一片，深得群众好评。1980 年从区委副书记任上抽调筹建县司法局，他服从组织分配，作风务实，凭着强烈的责任心和事业心，在办公条件差、人员紧缺等情况下，本着边建边学边干，以干促建，积极探索，逐步开展各项司法行政业务，为司法局的成立作出了应有的贡献。

1996 年 2 月病逝，终年 62 岁。

田维伦　男，汉族，1943 年 8 月出生，贵州瓮安人，初中文化，1963 年 11 月参加工作，中共党员。

1963 年 11 月应征入伍到中国人民解放军某部任战士、班长，1968 年 11 月在中国人民解放军某部任代理排长，1969 年 11 月在中国人民解放军某部任司务长，1972年2月在中国人民解放军某部机关任管理排长，1974年2月在中国人民解放军某部政治部任营职干事，1982年2月从中国人民解放军某部转业到瓮安县司法局，任公证处副主任，1984年2月任县司法局副局长，1988年11月调县安全委员会任副主任。

田维伦在部队或在地方工作，能坚持原则，服从组织分配，工作任劳任怨，作风务实。特别是从部队转业到地方后，司法局成立不久，又是接触一项新的工作，他到新的工作岗位后，在办公条件差、人员少的情况下，积极努力，逐步开展司法公证业务，在帮助公民、法人和其他组织正确处理财产、人身关系，预防纠纷，减少诉讼等方面尽职尽责。

2011年7月，因病逝世，终年68岁。

文渊博　男，汉族，1930年5月出生，贵州清镇人，1950年11月参加工作，大专文化，中共党员，三级律师。

1950年11月在清镇县军事干部学校学习培训，1951年3—4月参加解放罗甸战斗，1951年5月至1980年6月先后在贵阳专署税务培训班、贵阳专署税务局、贵阳专署专卖局、贵定专员公署办公室、瓮安县供销合作社、瓮安中学、瓮安第二中学、瓮安县物资局等单位学习和工作。1980年6月起，在瓮安县法院、县司法局法律顾问处（后改名为律师事务所）工作，任律师事务所主任，1991年1月退休。

在司法局工作期间，参与县司法局的筹建工作，曾多次被评为先进工作者，受到省、州、县表彰，1991年3月，黔南州司法局给予文渊博记三等功一次，5月被司法部评为“全国司法行政系统廉洁奉公先进工作者”，是瓮安获得律师资格证第一人。

2011年7月，因病逝世，享年81岁。

第二节　简　介

赵连福　男，汉族，1931年6月出生，山东潍坊人，初中文化，1949年1月参加工作，中共党员。

1949年1月参加中国人民解放军，在山东西海分区独立团任战士。1949年4月在第二野战军五兵团警卫团任通讯班长。1952年6月在贵州仁怀县中队任队长。1957年8月在某部任连长。1970年9月在贵州三都县人武部任副部长。1978年10月在瓮安县人武部任副部长。1982年5月转业到县司法局任局长。1987年12月任司法局调研员。1991年5月离休。

向中富　男，汉族，1938年12月出生，贵州瓮安人，大专学历，1961年9月参加工作，中共党员。

1961年9月，贵阳城建学校毕业分配在省建筑一公司工作。1963年3月在瓮安县物资局任采购员兼业务员。1964年1月在县检察院任助理检察员。1966年8月，在草塘区新华公社任秘书。1968年12月任草塘区宣传干事。1973年4月在县法院刑庭工作。1976年任县法院刑庭副庭长。1982年8月任县法院副院长。1988年1月任县司法局局长。1996年4月任县委政法委副书记、综治办主任。1998年退休。

庹文书 男，汉族，1953年3月出生，贵州瓮安人，大专学历，1971年11月参加工作，中共党员。

1971年11月任瓮安县雍阳区银盏公社秘书。1977年3月任雍阳区茅坡公社团委书记。1980年6月，任雍阳区团委书记。1982年9月，任雍阳区城关公社党委书记。1983年7月，任雍阳区平定营公社党委书记。1984年6月，在县委组织部工作。7月至9月，任雍阳镇党委副书记（其间：1984年9月至1986年7月在贵州广播电视大学行政管理班学习）。1986年9月至1996年7月，任雍阳镇党委副书记、镇长。1996年8月，县派驻贵州省农贸大厦任副董事长。1996年7月至1998年5月，任县司法局局长。1998年3月至2007年1月，任县法院党组书记、院长。2007年12月调黔南州中级人民法院工作。

余家治 男，汉族，1949年7月出生，贵州瓮安人。大专学历，1970年12月参加工作，中共党员。

1970年12月至1971年8月，基建工程兵某部战士。1971年9月至1972年10月，基建工程兵某部训练队学员。1972年11月至1973年2月，基建工程兵某部中队战士。1973年3月至1974年3月，基建某部班长、副排长。1974年4月至1975年9月，基建工程兵某部排长。1975年10月至1978年3月，基建工程兵某部中队副政治指导员。1978年4月至1981年12月，基建工程兵某部训练队排长。1982年1月至1984年5月天文法庭工作员。1984年6月至1985年1月，天文法庭副庭长。1985年2月至1987年2月县法院民庭副庭长。1987年2月至1988年2月，县法院行政庭副庭长。1988年3月至1985年5月，县法院刑一庭副庭长。1989年6月至1993年5月，县法院刑一庭庭长。1993年6月至1998年5

月，县法院副院长。1998 年 5 月至 2001 年 12 月，县司法局局长，党组书记。2001 年 12 月 28 日退休。

周 文 男，汉族，1964 年 12 月出生，贵州瓮安人，在职大学学历，1982 年 9 月参加工作，中共党员。

1982 年 9 月至 1985 年 12 月在中国人民解放军某部服役，战士。1986 年 1 月至 1988 年 12 月在县法院任法警。1989 年 1 月至 1990 年 4 月在县法院刑事审判一庭任书记员、助理审判员。1990 年 5 月至 1991 年 3 月在县法院执行庭任执行员。1991 年 4 月至 1992 年 4 月在法院民事审判庭任助理审判员。1992 年 5 月至 1994 年 4 月在天文法庭任副庭长、审判员。1994 年 5 月至 1995 年 6 月在县法院经济审判庭任副庭长。1995 年 7 月至 1996 年 12 月在县人民法院城关人民法庭任副庭长。1997 年 1 月至 1998 年 11 月在县人民法院雍阳法庭任庭长、审判委员会委员。1998 年 12 月至 2001 年 3 月在草塘镇任党委委员、副书记。2001 年 4 月至 11 月在县人民法院任审判委员会委员、政工科科长。2001 年 12 月至 2003 年 3 月在县司法局任党组书记、局长。2003 年 3 月调县委统战部任副部长兼对台办主任。

刘 蓉 女，汉族，1963 年 1 月出生，贵州印江人，在职大学学历，1983 年 9 月参加工作，中共党员。

1981 年 9 月至 1983 年 7 月，在贵州省人民警察学校公安管理专业学习。1983 年 9 月至 1987 年 7 月，县公安局治安科民警。1987 年 8 月至 1992 年 8 月，县公安局治安科科员（其间：1987 年 9 月至 1990 年 6 月参加中国人民公安大学公安管理专业学习，自考大专）。1992 年 8 月至 1995 年 5 月，任县公安局治安科正股级侦察员。1995年5月至1998年5月，任县公安局户政科副科长（其间：1997年1月至1998年2月在银盏乡挂职任党委副书记）。1998年5月至2003年12月，在县检察院任党组成员、副检察长（其间：1997年9月至2000年6月在贵州省委党校法律专业学习，函授本科）。2003年12月至2004年3月，在县司法局任党组书记。2004年3月至2012年8月，在县司法局任党组书记、局长。2012年8月任县司法局党组书记、局长、县委政法委副书记。

宋锡春 男，汉族，1946年2月出生，贵州瓮安人，大专文化，1963年12月参加工作，中共党员。

1963年12月至1966年7月，在中国人民解放军某部任战士。1966年8月至1968年10月在解放军某部任班长。1968年11月至1969年2月，在解放军某部任给养员。1969年3月至1969年10月，在解放军某部任保管员。1969年11月至1970年8月，在解放军某部任见习助理员。1970年9月至1978年8月，在解放军某部任助理员。1978年9月至1979年1月，在瓮安县茅坡公社管委会任副主任。1979年2月至1982年，在茅坡公社党委、管委会任副书记、主任。1982年至1983年5月，在茅坡公社管委会任书记。1983年6月至1988年1月，在中共瓮安县纪委任专职委员。1988年2月至1993年5月，在县司法局任副局长。1993年6月至1997年3月，在县司法局公证处任主任科员、公证员。2001年12月退休。

张庆芳 男，汉族，1946年2月出生，山西襄垣人，本科学历，1964年12月参加工作，中共党员。

1964年12月至1973年3月，在中国人民解放军某部队服役，任班长、副排长。1973年4月至1979年11月，在瓮安县铁厂任干事、主任。1979年12月至1993年5月，在县法院工作，任书记员、庭长、副院长。1993年6月至2001年12月，在县司法局任党组成员、副局长。2002年1月至2006年2月，县司法局主任科员。2006年3月退休。

陈安源 男，汉族，1971年10月出生，贵州福泉人，在职大学学历，1992年9月参加工作，中共党员。

1992年9月至1995年10月，瓮安县平定营镇政府工作员。1995年10月至1996年1月，平定营镇团委书记。1996年1月至1998年11月，银盏乡副乡长（其间：1994年9月至1996年12月，在贵州省教育学院经济法学专业学习，参加贵州省高等教育自学考试，自考大专）。1998年11月至2000年2月，任瓮安县委组织部知工办主任（副局级）。2000年2月至2003年5月，任瓮安县委组织部组织科科长（副局级）（其间：2000年9月至2003年1月在贵州省委党校法律专业学习，函授本科）。2003年5月至2004年8月，任瓮安县委组织部干部科科长（副局级）。2004年8月至2008年11月，任县司法局党组成员、副局长。2008年11月至2012年2月，任瓮安县委组织部副部长。

周国祥 男，汉族，1963年12月出生，贵州瓮安人，在职大学学历。1985年9月参加工作，中共党员。

1985年9月至1988年4月，瓮安县农牧局干部。1988年4月至1995年6月，县公安局民警。1995年6月至2003年4月，任县公安局刑侦大队教导员、大队长。2003年4月至2008年8月，任县公安局党委委员、副局长。2008年8月至2014年11月，任县司法局党组成员、副局长（其间：2008年8月至2010年5月任依法治理办公室主任）。2014年11月，任县司法局党组副书记、常务副局长。

熊教辉 男，汉族，1964年3月出生，贵州瓮安人。在职大专学历，1984年9月参加工作，中共党员。

1984年9月至1986年7月，瓮安县公安局办公室办事员。1986年7月至1989年10月，县公安局刑警队副队长。1989年10月至1991年11月，县公安局雍阳派出所科员（其间：1988年4月至1990年6月在中国人民公安大学公安管理专业学习，自考大专）。1991年11月至1992年10月，任县公安局玉华派出所科员。1992年10月至1995年5月，任县公安局治安科科员。1995年5月至1998年7月，任县公安局法制科科长。1998年7月至2003年5月，任县公安局办公室主任（其间：2002年5月至2003年5月在珠藏镇挂职任党委副书记）。2003年5月至2003年7月，任县公安局办公室科员。2003年7月至2007年11月，任县公安局办公室主任。2007年11月至2008年8月，任县公安局牛场坝派出所所长。2008年8月至2010年4月，任县司法局办公室主任。2010年5月任县依法治理办公室主任。2011年1月任县依法治理办公室主任、县司法局党组成员。2014年12月任县司法局副局长。

附　录

瓮安县司法局主要职责及内设机构职能

根据《中共瓮安县委　瓮安县人民政府关于瓮安县人民政府职能转变和机构改革的实施意见》（瓮党发〔2014〕19 号）精神，设立瓮安县司法局，为县政府工作部门。

一、主要职责

（一）贯彻执行司法行政法律、法规、规章和司法行政工作的中长期规划，研究制定贯彻执行省、州、县中长期规划和年度计划并组织实施。

（二）承担依法治县工作领导小组的具体工作；拟定贯彻执行省、州、县法制宣传教育和普及法律常识规划的措施并组织实施。

（三）监督、管理全县的律师、法律顾问和法律援助工作，综合管理社会法律服务机构；监督管理公证机构及公证业务活动。

（四）领导全县的“12348”法律服务建设，协调“12348”法律服务工作；指导全县人民调解工作和基层司法所、司法助理员及法律服务工作；指导对刑满释放人员、解除劳教人员的安置帮教和社区矫正工作。

（五）负责全县司法行政机关的计划财务管理，监督管理物资装备。

（六）负责全县司法行政机关队伍建设和思想政治工作，管理局机关及司法所机构编制、干部人事和劳动工资，按照干部管理权限负责相关干部管理工作。

（七）承办县人民政府和上级业务部门交办的其他事项。

二、内设机构

（一）政工科（警务科）

负责本系统的思想政治工作、党风廉政、党群、先进模范人物、先进典型的评选和宣传表彰工作；按权限管理机构编制、干部人事、劳动工资等工作；负责全县司法机关录用、调进人员的初审上报工作；承担律师、公证员等管理考核和聘用相关工作；负责离退休人员的管理和服务工作；负责本系统警务、警衔评授报批、警容风纪检查工作。

（二）综合科（计财装备科）

负责局机关重大财务的组织实施和检查落实；负责综合性文稿和报告的起草，研究拟定全县司法行政工作的中长期规划和年度计划并组织实施；负责政务信息、党建、文秘、信访、统计、保密文书档案管理、办公自动化建设、社会治安综合治理、目标管理考核等工作；管理局机关行政、事业经费和国有资产及全县司法行政系统装备；负责局机关后勤保障工作。

（三）法制宣传教育科

拟定全县法制宣传教育规划及法律常识规划并组织实施；负责县司法行政系统的法制宣传工作；指导县、乡（镇、街道）各行各业的法制宣传教育工作；组织普法工作者的法制培训；负责全县司法行政法规、规章建设和执法检查工作；承担普法依法治县工作领导小组办公室的具体工作。

（四）律师公证工作管理科

监督指导全县律师、公证和行政机关、企事业单位的法律顾问工作；综合管理社会法律咨询机构，参与组织全县司法考试的有关工作；按权限审查律师机构的设立，律师机构及律师的年检，注册登记工作；监督全县公证机构的公证业务活动；按权限审查公证人员注册登记和组织全县公证员资格考试；对律师、公证人员进行职业道德、执业纪律教育和业务培训。

（五）基层工作管理科

负责管理司法所、司法助理员、基层法律服务和人民调解工作；指导全县人民调解委员会的工作；指导全县刑释解教人员安置帮教工作，承担县刑释解教人员安置帮教工作领导小组办公室的日常工作。

（六）法律援助工作管理科

负责本县法律援助工作的管理、指导；受理、审查和批准法律援助申请；

指派、承办法律援助案件、事务；负责法律援助案件的统计和档案管理工作及法律援助宣传；组织、领导、协调全县法律援助工作，承担部分法律援助工作；监督、指导法律援助中心开展工作。

（七）社区矫正工作管理科

制定全县社区矫正工作规划和管理工作规范；指导管理社区矫正工作，组织开展对社区服刑罪犯的监管、教育和考核奖惩；组织动员社会力量参与社区矫正工作，指导社区矫正社团组织工作；负责社区矫正工作人员的教育培训；监督、指导社区矫正与安置帮教服务中心开展工作。

三、副科级、股级事业单位职责

（一）江桥律师事务所

为县司法局管理的副科级事业单位。主要职责：担任政府法律顾问、诉讼代理、刑事辩护、非诉讼法律服务；承担法律援助机构指派的法律援助案件；完成上级交办的各项工作任务。

（二）县社区矫正与安置帮教服务中心

为县司法局管理的股级事业单位。负责制定及实施全县社区矫正和安置帮教工作规划和管理工作制度；负责指导和管理派驻乡（镇、街道）社区矫正与安置帮教服务站开展社区矫正与安置帮教工作；承担社区服刑人员及刑释解教人员的衔接接收、监控管理、集中教育、个别谈话、心理矫正、就学就业指导，为社区服刑人员及刑释解教人员提供帮助服务；组织开展对社区服刑人员的入矫保证、考核奖惩、解除社区矫正宣告等工作；负责社区矫正与安置帮教工作信息、统计和档案管理工作；组织动员社会力量参与社区矫正与安置帮教工作；负责社区矫正、安置帮教工作人员的教育培训。

（三）县法律援助中心

为县司法局管理的股级事业单位。贯彻执行国务院《法律援助条例》和《贵州省法律援助条例》，制定完善本县有关法律援助制度和规定，并组织实施；负责本县法律援助工作的管理、指导；负责受理、审查和批准法律援助申请；负责指派、承办法律援助案件、事务；负责“12348”法律援助热线咨询和接待工作；负责法律援助工作信息、统计和档案管理工作；负责法律援助工作的宣传、调查、研究，对外交流等工作；负责向县政府和上级部门报告法律援助工作开展情况，并提出法律援助工作的意见、建议。

（四）县公证处

为县司法局管理的股级事业单位。依法行使国家证明权，依据事实和法律规定办理公证事项；向社会提供法律服务；对社会活动实施法律监督；开展普及法律知识，宣传社会主义法制；完成上级交办的各项工作；对外承担法人责任等。

瓮安县司法局依法行政制度

（2015 年 4 月）

为了全面推进依法行政工作，提高执法人员的依法行政水平，维护广大人民群众的民主权利，促进依法行政工作持续、快速、健康发展，根据国务院《全面推进依法行政实施纲要》及有关法律、法规规定，结合我局实际，特制定本制度。

一、领导干部学习制度

（一）领导干部每季度集中学法一次，每次学习时间不少于 2 小时。

（二）分管领导要掌握所分管部门的学法情况，经常进行督促检查。

（三）学法内容为涉及有关的法律、法规、规章及其他有关的法律知识。

（四）学习形式可以采取轮训、讲座、研讨、自学、调研等多种形式。

二、政务公开制度

除法律规定应当保密的以外，对实施管理作出的各项决策应当采取有效形式向社会公开。涉及广大人民群众切身利益和关系到改革、发展、稳定等重大决策，应当通过有效形式征求社会各界人士意见和建议；各科所应当向公民提供自由索取有关文件或资料的便利条件。

政务公开的主要内容：（一）机构设置情况、管理权限和主要职责；（二）办事依据的法律、法规、规章，具体操作标准，本部门制定的办事制度、办理要求、办事步骤、时限等程序性规定。（三）机关工作纪律、群众举报电话和投诉办法。（四）在办公场所的明显位置设立政务公开栏和举报箱，同时在司法行政网站上公布政务公开内容。

三、执法过错责任追究范围和认定

司法行政工作人员在执行职务中有下列情形之一的，应当追究执法过错责任：（一）在办理法律援助案件弄虚作假、骗取和虚构证人证言，掩盖主要事实的，或者因为在勘验、检查、鉴定中出现重大失误、疏漏而造成案件错误处理；（二）因办案人员的主观过错导致案件主要事实错误或者严重违反法定程序，被人民法院、复议机关撤销具体行政行为的；（三）违反司法行政管理法律规定，擅自作出许可、不许可，等行政决定的；（四）对法律服务机构疏于监管，导致其申报行政许可材料审查不实的。法制宣传组织、实施、协调不力的；（五）违反法律规定，阻碍当事人行使申诉、控告、听证、复议、诉讼和其他合法权利，情节恶劣或严重后果的；（六）拒绝或者拖延履行法定职责造成严重后果的；（七）严重失职，对司法行政违法行为制止不力，或者纵容违法，造成违法事实，而加大处理难度的；（八）其他故意或者过失违反司法行政管理法律、法规、规章规定，应当予以追究的执法过错。司法行政管理部门发生执法过错的，应当根据工作人员在办理案件各自承当的职责，区分不同情况，分别追究案件审批人、审核人、经办人及其他直接负责人员的责任。

瓮安县司法局服务承诺制
首问责任制和限时办结制实施细则

一、总则

为切实转变工作作风，提高办事效率，建设服务型机关、效能型机关，根据有关规定，结合本单位的职能职责，制定本实施细则。

二、实施范围和重点部门

实施范围：机关各科室及司法所。

重点部门：公证处、法律援助中心，律师事务所及司法所为重点“窗口”部门。

三、服务承诺制

第一条　本局推行服务承诺制。服务承诺制是指本局履行面向社会和公众服务职责，各科所根据工作职能要求，对行政服务的内容、办事程序、办理时限等相关具体事项，通过媒体向社会和公众作出公开承诺，接受社会监督，承担违法责任的制度。

第二条　服务承诺制遵循公开、公平、公正、便民的原则，以提高公共服务水平、效率和公众满意程度为目标，把各项行政管理和服务工作置于社会和公众和监督之下。

第三条　按照法律法规和相关规定，向社会和公众公开办事依据、办事条件、办理程序、办理流程、办理时限、办理结果和服务标准，提高工作的透明度。

第四条　工作人员接待办事和来访，应做到举止文明、热情服务、礼貌待人、服务到位。自觉遵循五项工作承诺：

（一）不让来办事的人员在我这里受冷落。

（二）不让工作的事项在我这里积压延误。

（三）不让工作的差错在我这里发生。

（四）不让机关的形象因我受到影响。

（五）不让群众的利益因我受到侵害。

第五条　公证处向社会作出如下服务承诺：

（一）依法办事，严格出证程序，不办“关系证”、不办“错假证”。

（二）遵守职业道德和执业纪律，不泄露当事人个人的隐私和商业秘密，不搞不正当竞争。

（三）严格收费标准，按照《贵州省公证服务收费标准》严格执行，统一受案，统一收费。

（四）对符合条件的公证申请，公证人员当场受理。对新型疑难公证申请，公证处及时研究，能受理的不无故拒绝受理；

（五）公证员一次性告知办证所需材料、办证程序、应注意事项以及咨询的问题等。

（六）公证员保证不发生推诿或刁难当事人的情况。

（七）为行动不便的残疾人和七旬以上的老人、军人优先办证，病危当事人申办的公证事项应及时予以办理。

（八）对老弱病残或当事人确需要上门服务的申请，公证处应提供上门办证服务。

第六条 法律援助中心向社会作如下服务承诺：

（一）推行“便民、利民”措施，实行公示制度，向社会公开法律援助的范围，条件和工作流程，公开服务承诺，公开接受社会监督，方便群众了解法律援助、办理法律援助事项。

（二）平等对待公民提交的法律援助申请。

（三）以事实为依据，以法律为准绳，努力维护受援人合法权益。

（四）法律援助机构及工作人员审批法律援助事务，律师、法律服务工作人员承办法律援助案件，严禁向当事人收取任何费用，不接受吃请，不收受任何财物。

（五）对承办法律援助案件认真负责，不敷衍了事。

（六）按时参与诉讼活动，做好事前各项准备，确保诉讼活动顺利进行。

（七）对受援人提出的问题，做到态度和蔼、耐心细致、以事实为依据，以法律为准绳的进行解答。

（八）不泄露受援人个人隐私。

（九）自觉履行法律援助机构及工作人员、律师、法律服务工作者的其他义务。

四、首问责任制

第七条 本局各科、所提供咨询或办理相关事项时实行首问责任制，首问责任制是指服务对象到本局各科所咨询或办理相关事项时首位接待或受理的工作人员应认真解答、负责办理或引荐到相关部门进行办理。首位业务受理人即为首问责任人。

第八条 首问责任制适用于本局各科所的工作人员。工作人员实行挂牌上岗，公示姓名、职务、工作岗位、投诉方式，以便服务对象了解工作人员身份，接受监督。

第九条 工作人员应遵循热情主动、文明办事、服务规范，及时高效的原则。对来访人员的姓名、单位、时间、咨询或办理事项、办理结果等进行登记，以备查询和考核。

第十条 咨询或办理事项属于首问责任人职责范围内能处理的，应当场办理；不能当场办理的，要说明相关情况；需要提供相关材料的，应当一次性告知。

第十一条　来访人员咨询或办理事项属于本局相关科所的职责，首问责任人应及时引荐到相关科、所办理；若经办人（业务受理人）不在，首问责任人应主动与其联系；若联系不上，首问责任人应先将服务对象的有关材料收下，做好记录，随后移交给经办人（业务受理人）。

第十二条　咨询或办理事项不属于单位职能范围内的，首问责任人应当耐心解释，并尽己所能给予指导和帮助。

第十三条　服务对象通过电话咨询、反映问题、投诉或举报的，接听电话的工作人员即为首问责任人。属于首问责任人职责范围内的，应认真负责回答；属于本单位其他科所的，应将联系电话告知来电人，尽可能地为来电人提供帮助。

五、限时办结制

第十四条　本局各科所推行限时办结制。限时办结制是指行政机关按照规定的时间、程序和要求处理行政事项的制度。

第十五条　限时办结制遵循准时、规范、高效、负责的原则，各科所须认真对待和办理各种限时办结的行政事项。

第十六条　对人民群众来信来访、举报和投诉的答复，法律、法规和政策有明确办理时限规定的，应当严格规定的时限办理；法律、法规和政策没有明确规定办理时限的，能够缩短时间、当场办理的，应当及时办理。特殊情况不能在规定时限内办结的，要及时向服务对象说明原因。

第十七条　执行上级各项重大决策，应当及时部署和落实。不需要制定具体政策措施的，应当在15个工作日内完成；需要充分调研、制定具体政策措施的，应当在15个工作日内制定工作计划，并向上级机关报告。对领导的批示和指示有明确时间要求的，按批示时间办理。答复时限以收件日作为计算工作日的起始时间。

第十八条　公证处的限时办结制

（一）对符合条件的公证申请，要在受理之日起15个工作日内出具公证书、现场监督在7个工作日内出证，不能无故拒绝受理。

（二）公证处受理公证申请后，需调查核实的一个月内办结出证。重大复杂的、当事人举证不足的或者需委托调查的公证事项，经公证处主任批准，适当延长，但最长不得超过六个月，延期的原因应告知当事人。

（三）遇特殊困难当事人申请需上门服务的，公证处在三十日内上门办理。病危当事人申办的公证事项及时予以办理。

（四）对于当事人的投诉，三十天内作出书面答复。

第十九条　法律援助中心的限时办结制

（一）法律援助中心对公民申请的法律咨询服务，应当即时办理；复杂疑难的，可以预约择时办理。

（二）公民依法提交法律援助申请并提供法律援助条例规定的证明材料的，法律援助中心应在七个工作日内作出是否给予法律援助的书面决定。

（三）决定给予法律援助的案件或省、州、县法院指定辩护的刑事案件，应在开庭三日前将确定承办人员名单回复给指定的人民法院，并在 24 小时内安排承办律师、法律援助工作者、基层法律服务人员承办。

第二十条　凡工作人员无正当理由违反服务承诺制、首问责任制、限时办结制，经查证属实，视情节轻重依据《中华人民共和国公务员法》《中华人民共和国公证法》《公证程序规则》《法律援助条例》等有关法律、法规和本局的内部管理制度等给予相应处理。

便民为民服务中心工作人员职责

一、按照一次性告知制、首问责任制、限时办结制要求，热情接待群众，搞好上传下达，为群众提供优质、高效、便捷、满意的服务。

二、切实履行职责，做好接待咨询解答等工作

1. 对上访案件依法依规、按照程序解决问题，耐心做群众工作，努力把矛盾、问题化解在萌芽状态。

2. 对来电来访群众给予义务、免费法律咨询。

3. 引导需办公证当事人到公证处直接办证、预约办证或上门办证。

4. 直接为需代书、代理各类案件的群众服务，引导群众到律师事务所接受法律服务，帮助群众联系律师和法律工作者。

5. 引导符合法律援助条件的群众到法律援助中心办理法律援助业务。

服务中心岗位责任制

一、中心设便民为民服务办公室，主要承担本局职权范围内的信访工作、

法律咨询、公证业务办理、法律服务、法律援助及相关便民服务。

二、便民为民服务中心工作人员每天必须在岗，热情接待群众。

三、便民为民服务中心受理的事项，如属于本局职权范围内的应直接办理。

四、中心受理的所有事项均应在承诺期限内办结。

五、上级文件、资料、受理的各类事项及办理结果、月报表台账资料齐全。

六、责任追究、奖惩措施

1. 对中心工作人员因工作失误、作风恶劣、违章失职等问题，根据造成不良影响的程度，分别给予批评教育、通报批评、告诫并扣除一定的年终考核奖，对情节严重、影响恶劣的按效能建设有关规定给予纪律处分。

2. 便民为民服务中心办公室工作列入年终考核，考核结果作为发放年终奖及当年评先、评优依据。

一次性告知制

一、本制度所指一次性告知制，是指服务对象来中心咨询或办理业务，工作人员应按政策法规及有关规定一次性向服务对象告知规定的办事程序、办事依据和要求的全部书面材料，一次性告知能否办理、是否手续完整、齐全；条件不符合或手续不全的，应一次性告知相关的要求，条件和应提交的材料，说明暂不予受理的理由等。并出具书面的“一次性告知单”（“退件、补办件回执单”），一份给服务对象，一份留窗口备案。

二、一次性告知单（“退件、补办件回执单”）的内容应包括：承办单位、经办人员、申报时间、申报事项、规定办理程序和材料或需补充材料和手续、承诺时限和查询方式等。

三、申请事项依法不需要取得行政许可的，便民为民服务中心办公室应及时告知申请人不受理，但需向申请人出具加盖印章和注明日期的书面凭证。

四、对违反本制度的行为，按有关失职追究当事人责任；

五、本制度适用于中心全体工作人员。

失职追究制

一、本制度所指失职追究制，是指中心工作人员由于不负责、不履行或不正确履行自己的工作职责，致使国家、集体和人民的利益受损的，必须追究其行政、经济责任。

二、失职追究的范围。

1. 不遵守首问责任制规定，不向服务对象告知经办部门或联系电话的；在接待来访或接受电话咨询时，未能耐心接待或者态度粗暴的；对服务对象没能一次性告知故意不告知有关事项，导致服务对象多次往返办理的；工作责任心差，办事不认真，多次出现差错，造成不良影响的；不能正确履行岗位职责，在贯彻执行法律法规政策时出现较大偏差，并给服务对象造成损失的。

2. 推诿扯皮或故意刁难服务对象，群众投诉经查属实的。

3. 办理“拖、压、卡”，或没有特殊原因超过时限未办结实的。

4. 符合条件而不予办理或不予办理而未否定报备的。

5. 没有出具“收件回执单”给服务对象或对申办资料没有妥善保管登记，造成资料遗失的。

6. 违反“工作人员十不准”。

7. 迟到早退或擅自离岗或因公出差、外出学习期间，未办理工作交接影响服务对象办事的。

8. 因病、事假或因工出差、外出学习期间，未办理工作交接影响服务对象办事的。

三、失职追究的责任。

根据失职行为造成不良影响的程度，分别给予提醒、批评教育、中心内部通报批评，情节严重、影响恶劣的按有关规定给予行政纪律处分。

四、对工作人员作出的责任追究处理决定，将写入年终考评，作为年终考核和单位用人的重要依据。

五、本制度适用于中心全体工作人员。

工作人员服务规范

一、服务语言

1. 工作时，原则上提倡讲普通话。

2. 接听服务对象电话时，应讲“您好，便民服务中心××窗口”，在对方未挂机前不得无故中断或挂断电话。

3. 接待服务对象时，要微笑服务，要使用“您好”“请”“对不起”“谢谢”“再见”十字文明用语。

4、禁止使用伤害感情、激化矛盾、损害形象的语言。

二、服务态度

1. 要主动用起立、打招呼等方式接待服务对象。

2. 对待服务对象，必须做到“三个一样”，即：领导与群众一个样、生人与熟人一个样、本地人与外地人一个样。接待时做到“三声”，即：来有迎声、问有答声、走有送声。

3. 服务对象来咨询有关问题时，要主动热情，耐心周到，百问不厌，百查不烦，解释全面，不准故意冷落、刁难、训斥和歧视。

4. 服务对象提出意见、建议和批评时，要耐心听讲，不予争辩，做到有则改之，无则加勉。

5. 服务对象出现误解、出言不逊时，要做好政策的宣传和解释工作，不要与其争辩，不得与其争吵，及时向窗口负责人汇报，予以解决。

三、服务仪表

1. 工作时间必须按中心规定佩证上岗。

2. 工作时，仪表举止要端庄、大方、文明。

四、服务设施

1. 窗口《办事须知》及有关表格、资料不断档。

2. 服务台面、办公桌面、地面、电脑等保持清洁，办公用品摆放整齐。

五、服务质量

1. 应一次性以书面形式告知服务对象其申办事项所需的全部资料或退回理由，并主动介绍下一步应如何办理。

2. 书写的批文、单据等，应表述完整、字迹清楚、准确无误。

3. 尽可能做到早办件、快办件，提高办事效率，方便企业和群众。

公证处公证执业社会承诺制

为了规范公证员职业道德和执业纪律，提高公证员职业道德水平，增强公证员的责任感，维护公证公信力和公证行业的整体形象，为社会提供优质、高效的公证法律服务，向社会公开承诺：

一、忠于事实、忠于法律

坚按以事实为根据，以法律为准则，按照真实合法原则和法定程序办理公证事务。

二、爱岗敬业、规范服务

勤勉敬业、恪尽职守，热情为当事人提供优质法律服务。

平等、热情对待当事人，做到注重礼仪，着装规范，举止文明，维护公证员职业形象。

按规定程序和期限办理公证事务，及时受理、审查、出证。

三、谦虚谨慎、诚实信用

努力提高道德素养和业务素质，提高执业水平。

不出具虚假公证书，避免错证，维护公证公信力。

江桥律师事务所社会服务承诺制度

一、宗旨：忠于法律，维护正义，诚实守信，勤勉尽责，公平竞争，严格自律。

二、坚持以事实为依据，以法律为准绳的法制原则，竭力维护委托人的合法权益。

三、严格按照规定收案收费，禁止一切形式的私自收案、收费行为，不向委托人索要额外报酬。

四、严格按照服务纪律、程序和委托人授权范围开展工作，不敷衍推诿，不损害委托人利益。

五、严守国家机密，不以任何形式泄露委托人的商业秘密或隐私。

六、妥善保管委托人提供的证据材料，保证不丢失或毁损。

七、坚决遵守律师职业道德和执业纪律规范，让委托人对律师执业行为放心、满意。

八、对律师在办理受委托的法律事务中，因不负责给委托人造成损失的；经查实决不姑息，对承办律师严肃处理，并负责赔偿。

以上承诺，希社会各界及委托人监督执行。

发挥行业调解优势　维护社会和谐稳定

——在全州医疗纠纷人民调解工作会议上的发言

瓮安县人民政府副县长　杨昌勇

（2014 年 6 月 3 日）

根据会议安排，我就瓮安县医疗纠纷人民调解工作开展情况汇报如下，不当之处敬请批评指正。

一、基本情况

瓮安县医疗纠纷人民调解委员会（以下简称“医调委”）由 7 人组成，主任由县卫生局退休的一名副局长担任，调解员有退休法官 1 名、律师 2 名、司法局基层科长 1 名、卫生局工作人员 2 名，专职调解由医调委主任和退休法官负责，另 5 名调解员为兼职，只在特殊情况下参与调解。自 2012 年 11 月 30 日成立医调委以来，共接待咨询 270 人/次，调解纠纷 33 件，成功 32 件，调解成功率达 99%，协议履行率 100%，涉及赔付金额共计 232.41 万元，防止群体性上访事件 8 起，避免民转刑纠纷激化 5 起。医疗纠纷的成功调处，化解了影响社会稳定的不安定因素，维护了医患双方的合法权益，取得了良好的社会效果。

二、主要做法

（一）提高成立医调委必要性的认识

近年来，医疗纠纷呈上升趋势，医患关系对立，因医疗纠纷引发的群体性事件不断上升，成为社会矛盾突出的热点、难点。医患纠纷看起来是医院和患者之间矛盾，如果不引起重视，或者听之任之，将影响社会的安定，造成不良的社会影响。由于医患纠纷发生后走诉讼程序时间太长等原因，一些患者家属选择了“停尸闹丧”、在医院设灵堂等极端方式维权。因此，建立具有公信力的、独立于医疗机构和卫生行政部门之外的第三方组织来处理化解医患矛盾纠纷，显得十分必要。由于提高了成立医调委必要性的认识，2012 年 11 月，由瓮安县司法局牵头，通过与瓮安县卫生和食品药品监督局协调、沟通、配合，成立了瓮安县医调委。

（二）县委县政府高度重视

县委、县政府高度重视医调委工作，把医调委工作纳入重要议事日程，一是召开专题会议进行研究。2012 年 10 月 2 日，县人民政府召开常务会议专题研究医调委工作，确定了医调委的工作职责、范围；将专职调解员基本工资确定为每月 1500 元，调解成功一件纠纷每人奖励 300 元。将调解委员会工作经费列入县财政预算（2013 年为 35 万元、2014 年为 15.4 万元）。二是县领导亲自主持参加医调委挂牌仪式。2012 年 11 月 30 日，我县举行医调委揭牌仪式，分管政法工作的县委常委、副县长杜胜军主持挂牌仪式，县委副书记、县长尹德俊向医调委主任发放医调委公章，县委副书记张宽作重要讲话，分管卫生工作的副县长夏吉友向调解员颁发聘书。县领导亲自主持并出席揭牌仪式，充分体现了党委、政府对医调委工作的重视。

（三）切实加强医调委队伍建设

医患纠纷具有涉及面广、技术性、专业性强的特点，为了能更好地适应工作，提高调解人员工作能力与水平，建立一支具有相应专业知识和丰富经验的医调专业队伍。一是开展针对性强的培训。由县司法局、卫生局和法院组织开展法律、医疗知识等针对性培训，组织调解员到州医调委学习化解矛盾的成功经验及调解技巧。二是营造浓厚的学习钻研氛围。医调委成员加强自学与互学，互相交流、取长补短，做到工作学习两不误、两促进。三是派员外出学习。2012 年 5 月，县政府安排县司法局、县卫生局各一名工作人员参加州政府组织到浙江宁波、绍兴考察学习，将两地好的医疗纠纷调解工作经验和方法引入我县，为医调委的成立和工作开展奠定基础。

（四）全面抓好医调委制度建设

全面抓好医调委制度建设，根据《黔南州医疗事故处理办法》和人民调解有关法律法规，制定《关于建立瓮安县医疗纠纷人民调解委员会的实施意见》，明确调解范围、调解原则、调解纪律、工作职责和工作流程，制定学习培训、工作会议、档案管理等各项制度；制作《医疗纠纷人民调解接待登记表》《调解申请书》《受理通知书》《提供材料告知书》《送达回证》和《调解协议书》等格式文书，建立各类接待、受理、调解登记等台账和薄册。在调处纠纷中，调委会实行合议讨论制，调处后，及时进行回访。坚持用制度规范医调委的行为，主动接受社会监督，保证调解工作的公正性、公信力和权威性。

（五）以“两个注重”“两个加强”做实调解工作

“两个注重”：一是注重对医患双方进行法律、法规及医疗纠纷调处相关规定的宣传；二是注重相关疾病医疗知识、医学知识宣传。“两个加强”：一是加强与患者及其家属沟通，倾听患方倾诉，稳控患方情绪，了解患方要求；二是加强与医院方沟通，调查了解患者的病情、治疗方案，纠纷发生后院方的态度以及相应情况，及时调取、封存患者病历。通过“两个注重”、“两个加强”，为成功调解打下坚实基础。2012 年 7 月，患者何某到瓮安县人民医院接受左髋关节翻修术，手术后出现关节脱出，该院两次送何某到省医和第三军医大学住院治疗，最终无法恢复到手术前状况，何某自己提出终结治疗，要求县医院赔偿。2013 年 9 月，医调委受理此案，首先查阅病历，与手术医师座谈，发现何某出现关节脱出后，医生在修复过程中确有操作不当行为，医院有过错。与医院领导沟通后，再与患者沟通，最后双方达成协议，由院方赔偿何某伤残赔偿金、误工费、后续治疗费等各项费用 341800 元，退还何某已交的医药费 19700 元。

三、取得的主要成效

一是维护了社会稳定。2014 年 1 月 24 日晚 11 时许，3 岁的罗杨琳因头部外伤到瓮安县某医院治疗，次日上午 9 时在做破伤风皮试过程中出现过敏死亡。家属认为是医院抢救不及时所致，一个小时内就聚集亲属一百余人，将罗杨琳的尸体抱到医院办公室，将医院院长办公室的花盆砸坏，事态一触即发，医调委接到通知迅速赶到现场，首先稳定家属情绪，告知家属处理程序以及各项权利，随即向医院了解死者治疗情况和医院的抢救情况，发现患者死亡确实存在医生抢救不力这一原因，医调委立即组织双方进行调解，通过协商，由医院赔偿死者家属各项费用 219800 元，该纠纷得以圆满解决，避免了医疗纠纷升级为群体性事件。

二是保障了医患双方的合法权益。医调委在处理医患纠纷时保持中立，不袒护任何一方，保障了医患双方的合法权益。2014 年 3 月 19 日 9 时许，78 岁的杨帮玉因头痛到珠藏镇卫生院就诊，在输液治疗时死亡，医院结论为呼吸衰竭死亡。死者子女认为病人死亡时医生、护士不知道，不在场，双方发生纠纷。医调委调解员赶到医院后，立即组织双方调解，通过耐心做工作，最后由医院赔偿死者家属安葬费、死亡赔偿金、精神抚慰金合计 68000 元。2010 年 1 月，病人兰寻在外省医院因肠癌手术，治疗基本痊愈后回家。2013 年 1 月病情恶化，1 月 23 日到瓮安县中医院实施开刀造瘘手术，术后病人家属以手术切口位置不对称等为由要求医院给出说法，医调委受理后立即到中医院座谈，查看病历，了解到兰寻由于病情非常严重，该院外科主任请示院长并开科室会议研究同意后方才收治住院。术前该院组织科室讨论，与患者及其家属谈话，双方签订了手术协议书，医院在诊疗及手术过程中不存在过错，医调委将调查了解的情况与患者家属进行了沟通，通过合理的解释，家属对医院的治疗程序和治疗过程不再提出异议，同意配合县中医院继续让患者在医院住院治疗。

三是遏制了国有资产流失。医疗纠纷发生后，医调委以医疗责任为基础，根据相关法律、法规的规定计算出补偿基准数供双方协商，防止了有些当事人不懂国家法律及相关政策，甚至受不法分子的教唆漫天要价。通过调解，把无过错补偿严格控制在一个合情、合理的范围内，使双方信服，并达成合理的补偿协议，实际赔付金额明显下降。自医调委成立以来，患方诉求赔偿金额共计 364.36 万元，实际调解赔偿金额 202.01 万元，既维护了当事人的合法权益，又维护了院方利益，遏制国有资产流失。

四是减轻了相关职能部门的工作压力。医调委成立后，医疗纠纷信访案件实现了零发生。同时医调委的成立，把卫生行政管理人员从繁杂的调解工作中解脱出来，解决了卫生行政执法人员既是运动员又是裁判员的尴尬工作局面，让办案人员真正集中精力抓事故预防和管控，提升办案质量和执法公信力。

五是节约了司法资源。根据《医疗事故处理条例》的规定，发生医疗纠纷有协商处理、行政调解和诉讼程序三种途径处理。协商处理没有第三方介入意见很难达成一致；行政调解容易使患方产生不公之嫌；诉讼程序既费时、又费钱。人民调解具有程序简便、自主性强、不收费以及调解协议法院认可等独特的优势，逐步被医、患双方所接受。通过诉讼途径解决争议明显减少，从而节约了司法资源，减轻了法院的压力。

六是增强了医疗机构所风险意识。医调会及时向医疗机构反馈调解中发现的问题，有针对地提出防范措施和工作意见，敦促院方严格落实各项规章制度，增强医疗机构的责任意识、防范意识和风险意识，增强医生的工作责任心，预防和减少医疗事故的发生。截至5月20日，县医调委向相关医院发出重大医疗争议防范建议15条，举办了医疗纠纷调解与防范讲座6次。

在今后工作中，我们将把医患纠纷人民调解工作纳入全县平安建设、法治建设总体部署，司法行政部门与卫生行政部门加强沟通与协作，加强对医调委工作的指导，及时研究和解决工作中遇到的困难和问题，努力使医患纠纷的化解工作在维护社会稳定中发挥更大的作用。

后　记

"修志之举，旨在资政。"编纂《瓮安县司法行政志（1980—2015）》是县民主法治建设成果的一次集中展示。旨在汇集史料，展现历史，给后世留下一笔宝贵财富，使后人以史为鉴、知古论今、继往开来，开拓创新。目的亦在于探索瓮安县司法行政之起源，叙述司法行政之发展。

《瓮安县司法行政志（1980—2015）》是集体智慧的结晶。根据中共瓮安县委办公室关于编纂部门志的通知，县司法局党组会议研究决定编纂《瓮安县司法行政志（1980—2015）》，并成立编纂委员会及编辑部。编委会根据单位实际情况，决定聘请人员编纂志书。2015 年 12 月，聘请人员到岗，拟定志书篇目初稿，查阅档案资料，抄录、复印编写志书所需资料，启动编写、录入电脑等工作。

《瓮安县司法行政志（1980—2015）》的编纂工作得到县地方志办公室的具体指导，得到县委组织部、县司法局档案管理人员黄宇书及各科、所给予的支持和帮助。在此，表示衷心感谢！

由于时间跨度较长，部分史料遗失或保存不尽完善，给本志书编纂工作带来许多困难。虽经多方努力，仍有不少缺漏之处，因而深感遗憾。此外，由于缺乏编纂经验，水平有限，难免会出现一些差错和失误，恳请专家、读者指正。

《瓮安县司法行政志（1980—2015）》编辑部

2016 年 12 月